사이언스 커뮤니케이션

Science Communication

사이언스 커뮤니케이션

Science Communication

김진웅 지음

이담북스

◎ 사이언스 커뮤니케이션의 필요성

지식 사회와 소통

피터 드러커Peter Drucker는 21세기를 '지식 사회'라 불렀다. 지식이 지배하는 사회인 것이다. 지식은 학문 연구를 통해 생산 축적되는데, 이를 담당하는 자는 학자, 연구자 또는 전문가로 불린다. 따라서 21세기는 전문가가 주도하는 시대라고 할 수 있다. 하지만 민주 사회에서 시민은 모두 지식을 기반으로 삶을 살아가는 존재라는 점에서는 동일하다. 즉 지식을 생산하는 주체에 속하지 못하더라도, 지식을 소비 또는 공유하는 지식인으로서 삶을 영위해야 한다.

하지만 전체 시민이 지식을 공유하는 지식 사회를 구현하는 것은 여러 가지 이유로 여의찮다. 우선 근대 이후 형성되어 온 지식 사회는 열린 세계가 아니라 굳게 닫힌 세계였다. 상아탑 속에서 소수가 독점했던 학문 세계의 문이 열리지 않으면, 대중 사회와의 공유는 불가능하다. 둘째, 폭발적으로 증가하는 방대한 전문 지식을 모두 받아들이거나 이해하는 건 불가능하다. 즉 상아탑이라는 장벽을 제거하더라도 거대한 빙산처럼 밀려드는 지식을 전부 소화하긴 어렵다. 셋째, 모든 지식은 전문적 용어로 서술되어 있어 해당 분야 전문가 외에는 이해하기가 쉽지 않다. 하물며 같은 전문가 구성원일지라도 세부 전공이 다르면 문외한으로 지식 습득이 어렵기는 마찬가지이다. 넷째, 디지털 시대의 지식은 무한 증식이 가능해 그 속에서 어느 것이 참된 지식인지 판단하기 어렵다. 소셜 미디어를 비롯한 디지털 미디어가 등장한 이후 이른바 '가짜뉴스fake news'가 널리 퍼지고 있다. 이는 특정 정보가 진짜인지 가짜인지의 문제이기도 하지만, 지금 시대가 진짜 정보와 가짜 정보를 가려내기 힘든 상황이라는 의미도 함축한다. 과학 지식과 학문 세계의 정보도 기본적으로 예외가 될 수 없는 것이다.

이런 다양한 사유로 대중이 학문과 지식을 함께 공유하면서 지식 사회의 구성원이 되는 데에는 어려움이 따른다. 그럼에도 21세기 민주 사회에서 모든 지식은 대중과 함께 공유되고 소통되어야 한다. 그렇지 못하면 결국 사회적으로는 닫힌 지식 사회, 죽은 지식일 뿐이다. 요즈음 지식 사회는 주로 대중적 실용성과 유용성을 내포한 (자연) 과학적 지식 또는 과학 기술 지식이 지배하고 있다. 자연 과학적 지식이 힘을 갖는 것은 현대 사회가 과학 기술의 혁명적 발전에 기반하고 있기 때문이다. 과학 기술의 사회적 영향력에서 벗어나 삶을 영위할 수 있는 사람은 없다고 해도 틀린 말이 아니다. 본래 학문을 뜻하는 '사이언스'가 오늘날 과학과 같은 의미로 인식되곤 하는 이유도 이와 관련한다. 보편적 학문을 뜻하는 사이언스가 과학으로, 그리고 과학은 다시 기술로 집중되면서 사회적 차원에서의 지식 소통 요구는 더욱 강해졌다. 그만큼 사회적 맥락 속에서 과학 기술이 발전하고 또 영향력을 발휘하기 때문이다.

근대 학문, 즉 과학적 지식은 객관적이고 실증적인 특성을 지닌다. 과학 기술을 기반으로 한 기술 문명의 위력은 19세기까지 세계를 지배하였다. 그러나 20세기 중반부터 과학의 객관성과 합리성에 대한 신뢰는 점점 줄어들기 시작하였다. 과학 기술은 과학자가 주도하는 것이 아니라 군·산·학 복합체가 주도하는 거대 과학이 되었다. 원자폭탄 개발에 의한 엄청난 인명 살상의 비극, 체르노빌 원자력 발전소 사고 등으로 과학 기술의 위험성에 대한 시민의 인식은 점점 고조되었다. 과학 기술의 사회적 영향력이 막강해지면서 정부 기관, 기업, 시민 단체 등 다양한 이해관계 집단 사이의 갈등도 커져만 갔다. 과학 기술은 이제 과학자 집단 고유의 권한이 아니라 정치와 사회 문화적 맥락에서 받아들여야 한다는 인식이 널리 퍼졌다. 이는 결국 사회 민주화 차원의 요구로 이어졌다. 즉 지식의 민주화, 과학의 민주화, 학문의 민주화에 대한 사회의 요구를 거스를 수 없게 된 것이다.

탈 정상과학

나아가 이러한 분위기는 현재 직면하고 있는 위험 사회에 대한 대안 모색으로 이어진다. 위험 사회는 무엇보다 이른바 탈 정상과학 post-normal science 단계에 이른 현대 과학 기술의 산물이라고 할 수 있다. 탈 정상과학 단계는 시스템의 불확실성이 매우 높고 전문가의 결정에 따르는 위험 부담이 매우 큰 것이 특징이다. 이 단계에서는 정상과학 패러다임이 제시하는 해결책이 작동하지 않으며, 다른 대안도 보이지 않는다. 현대 과학의 전문가 또는 과학자가 문제를 해결할 수 있는 단계를 넘어선 것이다. 모든 사실이 불확실하고, 가치 문제는 합의점 없이 논란에 휩싸인다. 따라서 위험 부담은 점점 커지고 시급한 결정이 요구되는 상황에 직면한다. 그렇지 않으면 파국적인 결과를 맞이할 수 있는 위기 상황이 전개되기 때문이다. 이미 탈 정상적 과학 기술 문명의 폐해로 인해 인간 생명 및 지구 생태계 존폐의 위기의식이 최고조에 이르렀다. 기후 온난화를 비롯한 환경 문제, 원자력 방사능 오염, 유전자 조작 GM 식품 등이 안고 있는 위험 문제를 과연 누가 결정해야 하는가?

이러한 첨단 과학 기술의 산물이 위험을 일상적으로 재생산하는 현대 사회에서, 과학 기술의 수용과 통제 및 관리를 누가 할 것인가는 뜨거운 사회적 쟁점이 된다. 더구나 이러한 문제는 과학 기술을 연구하고 생산하는 학문의 제도권 내에서 해소하기 어렵다. 상아탑 학문 세계가 그대로 유지된다면 사이언스에 대한 사회 공중과의 진솔한 대화는 불가능하다. 설령 그것이 가능한 상황이더라도, 전문가는 상아탑에, 공중은 제도권 밖에 있는 구조에서 소통은 전문가에서 공중으로의 일방향을 띤다. 일방적인 정보 전달은 가능할 수 있지만, 상호 대화는 이루어지지 않는 것이다.

이러한 상황 속에도 학문의 커뮤니케이션은 늘 강조되곤 한다. 사이언스, 특히 과학 기술 커뮤니케이션의 중요성은 아무리 강조해도 지나치지 않기 때문이다. 이와 관련한 이유는 다음과 같이 다섯 가지로 정리할 수 있다(Stocklmayer, Gore & Bryant, 2001).

첫째, 경제적 측면의 가치이다. 사이언스 커뮤니케이션의 중요성은 무엇보다 경제적 측면과 밀접한 관련성을 갖는다. 과학적 성과는 인류의 공공 자산이자 국가의 목표가 된다. 따라서 과학 기술 발전을 위한 투자가 국가 발전에 중요하다는 사실을 국민에게 잘 인식시키는 과학 교육이 매우 중요하다.

둘째, 과학의 효용성이다. 과학이 사회 공동체에서 유용하게 사용된다는 점을 대중이 과학적으로 인식하는 것도 중요하다. 예를 들어 DNA 지문 인식으로 범죄 사실을 증명하는 기법을 시민에게 이해시키는 것이다.

셋째, 과학 민주화의 중요성이다. 유용성과 관련하여 민주 사회에서는 새로운 기술에 대한 대중의 판단이나 결정이 요청된다. 이러한 과학 기술이 대중 자신과 세계의 안전에 미치는 영향력이 크기 때문이다. 과학적으로 교육받은 정치인이나 경제 전문가는 많지 않다. 그럼에도 종종 정치인은 다국적 기업에 영향력을 행사하는 역할을 한다.

넷째, 문화적 차원의 중요성이다. 다른 분야와 마찬가지로 과학은 인간의 행위에 관련된다. 따라서 올바른 과학 문화를 전파하는 역할은 중요한 의미를 지닌다.

다섯째, 사회적 측면의 중요성이다. 과학 대부분은 인간 활동의 전 영역에 걸쳐 스며들어 있으며 사회적 협업으로 이루어진다. 학문은 사회 문화 및 전통과 밀접한 관련이 있기에, 대중의 과학 이해는 연구자들에게도 매우 중요하다.

이상과 같은 다각적 근거 외에도, 다양한 커뮤니케이션을 가능케 하는 미디어 기술이 빠르게 발전한다는 현실이 사이언스 커뮤니케이션을 더욱 촉발시키고 있다. 컴퓨터, 인터넷, 소셜 미디어 등 디지털 미디어의 급속한 발전이 사회적 커뮤니케이션의 무한한 가능성을 보여 주고 있기 때문이다. 이를 토대로 학계에서는 서로 다른 학문 영역을 넘어서는 소통으로서 통섭적 패러다임이 전개되고 있다.

통섭적 소통

왜 현대 학문은 통섭적 소통을 요구하는가? 통섭은 분과 학문이나 지식 사이의 장벽을 넘어 연결하는 수평적 소통이자, "학문적 제도의 틀을 넘어 생산되고 유통되고 소비되는 현대 사회의 지식 전반의 횡단과 연결은 물론 지식과 사회적 실천 간의 횡단과 연결을 추진하는 방식"(심광현, 2009)을 아우르는 개념이다. 그동안 지식 생산은 분과 학문의 틀 내에서 이루어질 뿐, 학문 공동체를 넘어 사회 공동체에서는 공유되거나 소통되지 못했다. 하지만 통섭적 소통을 통해 제도화된 대학 공동체 내의 학제 간 연구를 넘어서는 것은 물론, 학술 연구자와 비전문가 사이의 경계를 넘어 상호 지식을 교류하고 생성할 수 있다.

사회생물학자 에드워드 윌슨이 《통섭Consilience》을 통해 제시한 이 개념은 원래 19세기 윌리엄 휴얼William Whewell이 이론화했던 것으로, 어원상 의미는 '함께 도약하기jumping together'이다. 따라서 학계에서는 통섭을 학문이나 지식의 서로 다른 요소 혹은 이론이 한데 모여 새로운 단위로 거듭나는, 능동적이고 적극적인 소통과 연결이란 의미로 해석한다. 그런데 윌슨을 중심으로 한 자연 과학계에서 환원주의적 통섭統攝을 주장하는 반면, 인문 과학 관점에서는 이와 다른 비환원주의적 통섭通攝 개념을 제시한다(김광현, 2009). 이 책에서는 학문 내적 소통은 물론 학문과 사회를 연결하고 소통하는 의미로 후자의 통섭通攝 개념을 받아들이고 있다.

이러한 통섭적 소통의 요구는 현대 과학 기술의 특성과 관련 있다. 탈 정상과학 단계에 이른 기술 과학은 산업과 경제뿐 아니라, 정치 사회 문화 등 전 사회적 영향력을 행사하는 위험 과학에 속한다. 하지만 전문가들의 합리적 해결 방안으로는 그 위험을 해소하기 어렵거나 불가능하다. 오히려 과학 기술 전문가와 이해관계 집단, 일반 공중을 포함한 공동체 차원에서 논의하고 합의함으로써 해결을 모색하는 것이 타당하다. 이는 탈 정상과학의 문제가 이미 과학 기술로 해결할 수 있는 범주를 벗어난 전全 사회적 차원의 문제이기 때문이다. 따라서 다양한 이해관계자 사이에서의 대화와 설득 및 타협을 통해 문제를 해결하는 것이 요구된다.

현대 학문을 지배하는 과학 기술은 우리에게 안락한 삶과 동시에 위험 속에서의 불안한 삶도 안겨 주었다. "과학 기술은 세상 속에서 이루어지며, 세상에 의해 만들어지고, 그 과정과 결과는 세상을 만들어낸다."(홍성욱, 2016: 8) 지금은 과학 기술로 인한 안락한 삶에 황홀해하는 대신, 불안한 삶을 고민해야 할 시기이다. 독일의 위험 전문가 한스 페터스Hans P. Peters는 과학 기술의 위험에 대한 소통이 더는 합리성이 아닌 정당성의 문제라고 말한다. 합리성에 기반한 과학의 문제를 넘은 전 사회적 문제라는 것이다. 소수 전문가에 의한 과학적 지식만으로는 현대 사회가 직면한 위험을 해결할 수 없다. 정치적, 사회적 문제로 확장된 현재의 위험은 정당성 회복을 위한 전 사회 구성원의 소통을 통해 해소되어야 한다. 이것이 곧 사이언스 커뮤니케이션의 필요성이라고 할 수 있다(임경순, 2012).

◎ 내용 구성

이 책은 학문 또는 사이언스를 둘러싼 커뮤니케이션 현상을 이해하기 위해, 사이언스 커뮤니케이션의 이론 및 실천적 현황을 다양한 관점에서 분석하고 제시하려 한다. 이를 위해 이 책의 구성은 크게 Ⅰ부(1~4장)와 Ⅱ부(5~12장)로 나뉘며, 각각의 구체적인 내용을 설명하면 다음과 같다.

우선 Ⅰ부는 사이언스 커뮤니케이션의 총론으로, 사이언스 커뮤니케이션의 기본적 이해를 제공하기 위한 오리엔테이션에 해당한다.
먼저 1장에서는 왜 사이언스 커뮤니케이션인지, 사이언스 커뮤니케이션이란 무엇인지를 고찰하려 한다. 이와 관련한 사이언스와 커뮤니케이션 개념을 이해하고, 두 개념이 융합된 사이언스 커뮤니케이션의 의미를 살펴보고자 한다. 나아가 학문, 사이언스, 과학, 지식의 기본적 의미와 연관성을 설명하고, 사이언스와 커뮤니케이션이 융합된 새로운 연구 분야의 중요성을 제시하기로 한다. 추가로 학문의 자유와 사이언스 커뮤니케이션의 관련성에 관해서도 서술하려고 한다.

2장은 사이언스 커뮤니케이션이 등장하여 체계를 갖추는 과정을 역사적 관점에서 설명하려 한다. 지식의 대중화로서 사이언스 커뮤니케이션 현상은 근대 사회 형성 이후 등장하였지만, 본격적으로는 과학 기술의 급격한 발전을 토대로 21세기 중반 이후부터 최근에 걸쳐 체계를 갖추게 되었다. 따라서 발전 과정에서 중요한 전기가 되었던 대중의 과학 이해(PUS) 운동의 등장과 쇠퇴, 과학과 사회(S&S), 대중의 과학·인문학 이해(PUSH) 등을 분석하여 현재의 사이언스 커뮤니케이션이 정립되는 과정에 대하여 이해를 제고하려 한다.

3장에서는 사이언스 커뮤니케이션이 전개되는 패러다임을 서술하려 한다. 특히 사이언스 커뮤니케이션은 지향하는 목적에 따라 사이언스 대중화 패러다임과 사이언스 민주화 패러다임으로 구분할 수 있는데, 이를 중심으로 비교 설명하려고 한다. 그 외에 사이언스 커뮤니케이션 현상을 이해하기 위해 제시되었던 다양한 사이언스 커뮤니케이션 모델에 대해서도 살펴보기로 한다. 이를 통해 사이언스 커뮤니케이션 현상의 본질을 이해하고, 나아가 지향하는 바가 무엇인지 파악할 수 있을 것이다.

4장은 사이언스와 커뮤니케이션이 융합하여 생성된 새로운 연구 분야로서 '사이언스 커뮤니케이션학'에 대한 기본적인 이론을 제시하려고 한다. 즉 사이언스 커뮤니케이션의 개념적 정의를 내리고, 왜 과학 기술이 지배하는 현대 사회에서 커뮤니케이션이 중요한지, 사이언스 커뮤니케이션의 기본 체계는 어떻게 구성되는지를 설명하려고 한다. 그 외에도 사이언스 커뮤니케이션의 기능 및 대중적 소통 방법에 대해서도 서술하려고 한다.

이어 II부에서는 사이언스 커뮤니케이션이 펼쳐지는 다양한 현상에 대한 분석을 시도하고 있다.

먼저 5장에서는 매스미디어를 매개로 이루어지는 사이언스 저널리즘을 분석하고자 한다. 일반적으로 저널리즘은 고유의 뉴스 가치에 따른 작동 기제를 갖고 있으며, 이는 사이언스 정보를 대중에게 매개하는 과정에서도 중요한 영향을 미친다. 사이언스 저널리즘은 학문과 일반 대중을 매개하는 가장 전형적인 양식으로서 오랫동안 유지되었다. 이 장에서는 사이언스 저널리즘의 기능, 특성 및 문제점 등에 대해 서술하려 한다.

6장은 사이언스 홍보 활동에 대해 분석하기로 한다. 전통적인 사이언스 저널리즘과는 달리, 대학과 연구 기관의 사이언스 홍보는 비교적 최근에 등장하여 활발히 전개되고 있다. 사이언스 홍보 활동은 주로 전략적 커뮤니케이션이나 마케팅 차원에서 이루어진다. 이 장에서는 사이언스 홍보의 등장 배경은 무엇인지, 현황은 어떠한지, 누구를 대상으로 하는지, 추구하는 목표는 무엇인지 등에 관해 서술하기로 한다. 추가로 대학의 홍보 활동에 대한 분석 및 사이언스 저널리즘과의 비교 평가도 제시하려고 한다.

7장에서는 학계에서 이루어지는 '학술 연구 커뮤니케이션'에 대한 분석을 제시하려고 한다. 이는 공식적 차원과 비공식적 차원에서 이루어지는 커뮤니케이션으로 구분할 수 있다. 공식적 학술 커뮤니케이션은 학술 연구의 과정 및 결과까지 전 단계에서 이루어지는 공식적 소통 현상을 뜻하며, 비공식적 학술 커뮤니케이션은 학계 연구자 집단 내에서 이루어지는 일체의 비공식적 소통 현상을 지칭한다. 특히 디지털 미디어를 매개로 활성화된 비공식적 온라인 커뮤니케이션의 역할과 의미에 대해서도 알아보기로 한다.

8장은 사이언스 교육과 대중문화를 통한 사이언스 대중화 현상을 분석하려 한다. 먼저 사이언스 교육은 정규 학교 교육 외에 일반 대중을 대상으로 이루어지는 교육을 의미하며, 구체적으로 사이언스 센터science center, 박물관, 사이언스 페스티벌science festival, 어린이 대학 등 일반 시민 대상의 다양한 프로그램이 이에 속한다. 나아가 대중문화와 사이언스가 결합한 사이언스 대중화 활동을 통해 나타나는 과학 문화의 확산과 미디어 속 사이언스의 이미지 등에 대한 평가를 시도한다.

9장은 사이언스 전문가의 자문을 통한 커뮤니케이션 기능을 분석하고자 한다. 전문적 지식 또는 첨단 기술의 현실 사회 적용과 관련한 학계 및 연구 기관 전문가의 자문 기능은 크게 정책 자문 및 기술 자문으로 대별할 수 있다. 이를 기준으로 정책 결정자를 위한 정책 자문과 시민 사회에의 자문, 그리고 새로운 과학 기술의 상용화를 위한 산학 협력 차원의 기술 혁신 자문을 비교 서술하기로 한다.

10장에서는 사이언스 커뮤니케이션의 연구 대상이 되는 주요 이슈를 분석하려 한다. 구체적으로 최근 쟁점이 된 생명공학, 원자력 기술, 환경 변화, 나노 기술 등 첨단 과학 기술 분야에 대해 알아보고, 이로 인해 제기되는 위험에 관한 논란을 분석한다. 나아가 이런 쟁점들을 해소하기 위한 효과적인 커뮤니케이션 방안에 대해서도 고찰하기로 한다.

11장에서는 온라인 사이언스 커뮤니케이션 현상에 대해 분석하려 한다. 디지털 미디어가 등장하면서 사이언스 커뮤니케이션은 소셜 미디어 등 온라인 매체를 통해 빠르게 활성화되고 있다. 특히 연구 기관이나 개별 연구자는 온라인 미디어를 통해 직간접적 소통 활동을 활발하게 전개하고 있다. 이들이 어떤 매체를 통해 어떤 활동을 하고 있는지, 이로 인한 효과 및 문제점은 무엇인지 등에 대해 살펴보기로 한다.

마지막으로 12장에서는 사이언스 커뮤니케이션의 미래에 대한 의견을 제시할 것이다. 최근까지의 사이언스 커뮤니케이션 현상에 관한 성찰을 토대로, 바람직한 사이언스 커뮤니케이션의 미래를 위해 해결해야 할 과제는 무엇인지, '사이언스 커뮤니케이션학'이 왜 중요한지 등에 관해 서술하려고 한다. 여기서 관건은 학문의 대중화 물결 속에서 학문의 상업화와 권력화 메커니즘을 차단하고, 학문의 민주화를 통해 인류 및 생태계의 위기를 비롯한 당면 과제를 지혜롭게 해결하는 것이다.

목차

머리말 ··· 04

I부 사이언스 커뮤니케이션의 이해

1장 | 학문, 사이언스 그리고 커뮤니케이션 ··· 20

2장 | 사이언스 커뮤니케이션의 형성 과정 ··· 34

3장 | 사이언스 커뮤니케이션의 패러다임 ··· 50

4장 | 사이언스 커뮤니케이션학의 기본 이론 ··· 62

II부 사이언스 커뮤니케이션 현상 분석

5장 | 사이언스 저널리즘 ⋯ 88

6장 | 사이언스 홍보 ⋯ 100

7장 | 학술 연구 커뮤니케이션 ⋯ 119

8장 | 사이언스 교육과 대중문화 ⋯ 130

9장 | 사이언스 전문가 자문 ⋯ 147

10장 | 사이언스 이슈와 커뮤니케이션 ⋯ 161

11장 | 온라인 사이언스 커뮤니케이션 ⋯ 179

12장 | 사이언스 커뮤니케이션의 미래 ⋯ 206

참고 문헌 ⋯ 215

SCIENCECOM

MUNICATION

사이언스
커뮤니케이션의 이해

1장

학문, 사이언스 그리고
커뮤니케이션

지구는 우리 인류가 생존하는 공간이다. 《코스모스Cosmos》의 저자로 널리 알려진 과학자 칼 세이건Carl Sagan은 우주에서 바라본 지구의 모습을 "창백한 푸른 점Pale Blue Dot"이라고 명명하였다. 무언가 이성적인 것보다는 감성을 자극하는, 아름다운 문학적 대상으로 지구가 느껴진다. 과학자 세이건은 늘 과학적 지식보다 원하는 메시지의 효과적인 전달을 더 중요시했다. 즉 커뮤니케이션을 중시한 것이다.

한편 이 창백한 푸른 점은 그냥 공간이 아니라 하나의 살아 있는 생명체라는 메시지를 전한 사람은 제임스 러브록James Lovelock이다. 러브록은 이러한 사상을 1979년 《가이아: 생명체로서의 지구Gaia: A New Look at Life on Earth》를 통해 제시하였다. 가이아 이론은 지구 전체를 마치 한 인간의 몸처럼 살아 있는 유기체로 인식한다. 그런데 지구라는 거대한 몸은 현재 병들어 있다. 왜일까? 그리고 어떻게 지구를 치유할 수 있을까?

지구에는 자연과 인간이 함께 어우러져 공존한다. 하지만 45억 년 지구의 역사 속에서 현생 인류인 '호모사피엔스'가 출현한 것은 불과 20만 년 전이다. 따라서 인류의 역사는 지구의 역사 중 0.004%에 해당하는 기간만 함께 해왔을 뿐이다. 또 20만 년 중에서도 인류에 의한 근대적 학문이 탄생한 것은 약 400년 전쯤이다. 이후 과학 기술에 토대를 둔 현대 문명은 빠르게 발전하여 오늘에 이르고 있다. 인류 문명은 인간의 풍요로운 삶을 영위하기 위하여 자연을 도구적 수단으로 대상화한다. 그 결과는 자연 생태계의 파괴로 이어져 인간과 자연의 조화로운 공존은 위기에 처하고, 인류도 멸종을 맞이할 수 있다는 위기감이 고조되고 있다.

카를 마르크스Karl Marx는 자연을 변화시켜 생산 수단을 만들어내는 인간의 능력이 동물과 다른 점이라고 보았다. 이러한 점은 이미 고대 오리엔트와 그리스 시대에 걸쳐서 자연을 대상화한 인류 문명이 잘 보여 주고 있다. 그런데 주목할 점은 학문은 자연을 대상화하는 의식적 과정 속에서 탄생하였다는 사실이다. 자연의 질서에 대한 경험을 축적한 지식이 방대해지고 사물에서 분리된 사유가 점점 체계화되면서, 이와 같은 실재와 관념이 분리된 이원론을 토대로 서양 학문이 확립되고 발전을 거듭한 것이다. 하지만 사물과 사유의 분리는 인간의 이성을 바탕으로 하며, 결국 인간을 자연의 지배자로 군림하게 만들었다.

이성과 사유라는 인간의 활동은 언어의 질서를 토대로 한 학문의 세계이다. 학문은 어떤 대상 사물의 세계를 언어로 분류하여 질서를 부여한다. 특히 자연 현상을 객관적으로 분류하고 질서를 부여하는 과학 및 기술은 근대 학문을 대표하는 분야에 속한다. 학문의 구체적 산물은 지식이다. 지식은 역사 속에서 존재하는 유한한 인간의 능력을 확장시킨다. 그중에서도 자연을 대상화하는 과학은 인간의 이성적 진보를 중심으로 전개된다. 이로 인해 인간은 자연을 과잉 지배하는 현상을 낳았고, 그 결과가 곧 생태학적 위기인 것이다. 이를 타개하기 위해서 전근대 사회에서처럼 다시 인간과 자연의 원초적 조화를 지향하는 것은 올바른 방향이 아니다. 오히려 미래 생태 문명은 변화된 환경 속에서 인간이 자연과 함께 조화를 이루는 길을 모색하는 것이다. 이를 위한 학문의 소통 또는 사이언스 커뮤니케이션은 필수 불가결한 요청이라고 할 수 있다. 그것은 궁극적으로 인간과 자연의 조화를 지향하는 전일적, 생태학적 커뮤니케이션으로 승화될 수 있기 때문이다.

◎ 학문 또는 사이언스

학문은 진리를 추구하는 인위적이고 의식적인 행위이다. 따라서 형식과 내용상 진리를 탐구하는 계획적이고 진지한 시도들이 학문에 포함된다. 구체적으로 학문 또는 사이언스는 체계성, 논리적 일관성, 통일성, 계획성, 진지성, 검증 가능성을 그 특징으로 한다. 따라서 학문은 일정 수준 이상에서 이루어지는 진리 탐구 활동이라고 할 수 있다(김선택, 2002). 학문과 동일한 또는 비슷한 뜻으로 '과학'이라는 개념도 상용되고 있다. 과학은 본래 지식을 뜻하는 라틴어 'scire'에서 유래한, 'scientia'라는 지식 일반을 지칭하는 개념이었다. 하지만 지식은 근대 이후에는 검증에 근거를 두는 실증적 인식을 뜻하는 개념으로 변화되었고, 특히 자연 과학에 속한 지식 체계로서 학문을 과학으로 부르는 것이 일반화되었다. 현대 사회에서 자연 과학의 발전이 급속도로 이루어졌고, 그 사회적 영향력 또한 크기 때문에 전체 학문보다는 과학이라는 용어가 보편화되어 쓰이는 것이다. 이처럼 과학이라는 개념은 다의적으로 해석될 가능성이 많은데, 이 책에서는 자연 과학이나 과학 기술에 한정된 의미보다는 보편적인 학문을 뜻하는 차원에서 논의하기로 한다.

지식의 중요성

앞서 언급했듯이 학문 또는 과학에서 생산되는 것은 지식이다. 물리, 화학, 생물학 등 특정한 영역에서 산출된 정보들은 조직적인 체계를 갖추며, 이를 과학적 지식이라고 부른다. 과학적 지식을 갖고 있다는 것은 어느 특정 분야에서 정확하고 견고한 인식의 체계를 습득하였다는 것이자, 실천적 행위 능력을 갖고 있음을 의미한다. 그리고 이런 능력을 소유한 사람을 과학자 또는 학자라고 부른다. 과학자는 일정한 체계적 교육 과정을 이수하고 능력을 검증하는 자격 요건을 통과한 사람에게 부여되는 칭호이다. 예로부터 전해져 내려오는 개념들, 이를테면 지식인, 전문가 등은 일정한 지식 수준을 갖추고 이에 상응하는 칭호를 부여받은 사람을 부르는 말이다. 현대 사회에서는 과학 기술이 지배하는 시대적 흐름에 따라 지식의 총체적 체계를 뜻하는 학문은 과학으로 수렴되고, 연구를 통해 지식을 생산하는 학자는 과학자로 대변되는 것이 현실이다. 사이언스science가 '학문'보다 '과학'을, 그리고 사이언티스트scientist가 '학자'보다는 '과학자'를 의미하는 것으로 받아들여지는 것도 이와 관련한다.

그리고 과학 기술이라는 용어처럼 과학을 기술과 함께 상용하는 경우가 많다. 기술은 그리스어 테크네techne에서 파생된 것으로, 무엇을 제작하거나 만드는 인간의 행위를 뜻한다. 그냥 아무렇게나 만드는 것이 아니라 정해진 규칙rule에 관한 지식에 따라 무언가를 제작하는 인간 활동을 가리키는 것으로, 영어로는 'production' 또는 'manufacture'의 의미를 포함한다. 오늘날 기술(학)은 제작 기법에 대한 이론적 체계를 뜻하는 테크놀로지technology를 뜻하는 것으로 실용성 및 응용성을 지닌 과학이 이에 해당한다. 대표적 사례로 공학, 농학, 의학을 꼽을 수 있다. 과학을 기초 과학 또는 순수 과학이라고 한다면, 기술은 응용 과학 또는 실용 과학이라고 할 수 있다. 이러한 과학의 실용성과 관련된 과학 기술은 태생적으로 전 사회적 영향력을 갖고 있으며, 이런 이유로 사회적 차원의 커뮤니케이션을 요하는 특성을 내포한다.

◎ 커뮤니케이션

한편 커뮤니케이션은 거시적 차원에서 볼 때 태초부터 존재하는 현상이다. 인간 이전의 세계, 아니 우주 세계에도 커뮤니케이션은 존재한다. 사물과 사물, 생명 또는 삼라만상이 모두 커뮤니케이션 현상에 다름 아니다. 본래 커뮤니케이션은 인간뿐 아니라 천지 만물까지 아우르는 것으로, 특정 개체나 요소 중심이 아닌 존재 전체의 관계적 소통을 함축한다. 이러한 현상은 인간이 우주 자연과 일치 조화를 이루는 관계, 다시 말하면 자연 세계의 물리와 인간의 윤리가 합쳐져 조화로운 소통을 이루게 된다.

그럼에도 기존의 커뮤니케이션 패러다임은 이들을 모두 커뮤니케이션 범주에 포함하거나 설명하는 데 소홀해 왔다. 커뮤니케이션 연구는 인간, 미디어, 정보, 언어를 중심으로 하는 인간의 의사소통에 경도되어 왔기 때문이다. 하지만 커뮤니케이션 현상은 언제든지 사물과 인간을 넘나드는 다양한 만남이자 관계이고, 이러한 차원에서 소통이 전개될 수 있다.

인간 커뮤니케이션

커뮤니케이션은 라틴어 'communicare'에서 파생된 단어로, 함께 만들다, 알리다, 공유하다 등의 의미를 내포한다. 일반적으로 커뮤니케이션은 일련의 과정과 관련된 것이고, 적어도 두 개체 사이에서 일어난다. 그렇지 않으면 공유성, 교환 또는 상호 관계가 이루어질 수 없다. 커뮤니케이션을 정신 현상 또는 사회 현상으로 이해한다면, 동물, 조직체, 세포 및 과학 기술 기기 등의 커뮤니케이션 현상은 제외된다. 따라서 커뮤니케이션은 보통 인간 사이에서 이루어지는 현상으로 이해되며, 일상적 커뮤니케이션에서의 과정은 대부분 교환 또는 전달이라는 의미로 인식된다. 그리고 이를 통해서 정보, 내용, 메시지, 사상, 감정, 의미 등이 교환된다.

클라우스 머튼Klaus Merten 등에 따르면 커뮤니케이션 개념은 몇 가지 특성을 지닌 것으로 정리할 수 있다(Beck, 2013). 첫째, 커뮤니케이션은 일상성을 내포한다. 즉 누구나 언제든지 특별한 대가를 지불하지 않고 소통할 수 있다. 또 전문가만이 아니라 비전문가도 커뮤니케이션하는 데 아무런 문제가 없는 듯 보인다. 둘째, 커뮤니케이션은 인간의 모든 영역과 관련되는 보편성을 지닌다. 따라서 커뮤니케이션학은 인식 대상이 매우 넓고 개념화하기 어려운 '보편 학문universal science'처럼 인식된다. 사실 모든 현상이 커뮤니케이션과 연관된다면, 커뮤니케이션학은 보편 학문으로 받아들여질 수 있다. 셋째, 커뮤니케이션은 과정이지 고정된 실체가 아니라는 유동성을 내포한다. 즉 커뮤니케이션은 물리학이나 화학처럼 정지 상태의 사물이 아니라 지속적으로 변화하는 현상을 연구 대상으로 한다. 넷째, 커뮤니케이션은 일상 개념상 또는 다양한 학문 분야에서 이루어지는 다양한 과정적 현상으로 표현된다. 인간 사이의 소통, 컴퓨터 미디어 등 기술적 소통, 동물과 생명 조직체의 신경 세포 소통 등이 이에 속한다. 다섯째, 커뮤니케이션학은 커뮤니케이션에 관한 커뮤니케이션, 즉 메타커뮤니케이션을 다루는 분야이다. 그것은 연구자와 무관한 대상이 아니라, 자기 관련성이 있는 커뮤니케이션 현상에 관하여 커뮤니케이션하는 것이다.

커뮤니케이션학

최근 매스미디어를 중심으로 한, 정보 및 지식 전달 위주의 커뮤니케이션은 수용자들의 주체적 삶을 위한 소통에는 기여치 못하고, 기능적 역할 수행을 위한 도구적 소통에 국한될 뿐이다. 따라서 인간 커뮤니케이션이 구현해야 할 본연의 역할과는 달리 인간 모두가 객체화되는 전도된 커뮤니케이션 현상만이 만연하고 있다. 이를테면 인간을 위한 수단으로 만들어진 미디어에 오히려 인간이 종속되는 것이 현실이다. 사람이 중심이 되는 본연의 커뮤니케이션으로 회귀하기 위해서는 기능적이고 전문화된 커뮤니케이션학을 넘어, 보편적 커뮤니케이션학으로 나아가야 한다. 커뮤니케이션학은 하나의 분과 학문에 그치는 것이 아니라 모든 학문의 교차로이다. 따라서 커뮤니케이션학은 개별적 분과 학문 사이의 칸막이 경계를 넘고, 나아가 학계와 사회 사이의 경계도 넘어서는 소통의 장이 되어야 한다.

커뮤니케이션학에 관심을 기울이기 이전에 이미 세계에서는 융합과 통합의 소통 현상들이 전개되고 있다. 이러한 현상을 이해하기 위해서는 새로운 커뮤니케이션 인식론이 필요하다. 인간과 인간의 (의사)소통을 넘고, 매스 커뮤니케이션 패러다임을 넘어 인간과 만물 사이의 소통을 포괄하는 인식이 요구되는 것이다. 부분과 부분 사이에 한정되지 않는 전일적 소통은 인위적인 소통을 넘어서는 자연스러운 소통 현상이다.

어떤 커뮤니케이션 현상이 일어나면 사람들은 이를 다원적인 차원에서 받아들인다. 즉 '무슨 일이지?', '이 일을 어떻게 이해해야 하지?', '이 사건은 나와 어떤 관계가 있지?', '이제 무엇을 생각하고 어떻게 행동해야 하지?' 등 네 가지 차원에서 내 앞에 주어진 사건을 해석한다. 좀 더 구체적으로 살펴보면, 어떤 사건이나 현상이 일어나거나 누군가 내게 말을 걸면 사람들은 우선 '무슨 일이지?'라고 생각한다. 눈으로 확인하고, 귀를 기울이는 등 오감을 동원해서 사태를 파악하려 하는 것이다. 심지어는 육감, 직관, 이성 등 모든 가능한 수단을 동원하게 된다. 이어서 이 사건이나 사태를 어떻게 받아들일지 생각하게 된다. 위험한 것인지, 화나는 일인지, 슬픈 일인지 등 사태를 정확하게 파악하는 것이 이어진다. 다음 셋째 단계로 이 사태가 나와 무슨 관련이 있는지 생각하게 된다. 나와의 거리감, 연관성 등을 측정하여 사태와의 관계를 설정하게 된다. 마지막으로 넷째는 이제 내가 무엇을 어떻게 해야 하는지 판단을 내리는 일이다. 즉 내가 어떤 행동을 해야 하는지, 또는 생각만으로 마음을 정리해야 하는지, 아니면 직관적으로 판단해야 하는지 등을 스스로 정하는 일이다.

어떤 사건이나 사태는 이와 같은 커뮤니케이션의 네 단계 중 첫 단계에 그치거나, 두 번째 단계까지 필요한 것일 수 있다. 또 다른 사건은 세 번째 단계, 또는 네 번째 단계까지 요구되는 것일 수 있다. 오늘날 학문과 과학과 관련한 사안들은 네 단계를 모두 거치는 커뮤

니케이션을 요구받는다. 이것이 사이언스와 커뮤니케이션을 하나로
연결한 새로운 연구 분야, 사이언스 커뮤니케이션을 탄생시킨다.

◎ 사이언스와 커뮤니케이션의 만남

　이런 배경에서 사이언스와 커뮤니케이션의 만남이 함축하는 의미
는 깊다. 고도로 분업화된 학문 세계의 벽을 허물고, 종으로 횡으로
서로 허심탄회하게 커뮤니케이션하는 장면은 이전에는 상상하기 어
려웠던 현상이다. 이제 커뮤니케이션 현상은 종횡으로, 즉 종으로는
전문가와 대중 사이에서, 횡으로는 각 분과 학문 영역을 넘어서 소통
이 이루어지는 것이다.

　학문의 소통 또는 사이언스 커뮤니케이션은 영어로는 'science
communication', 그리고 독일어로는 Wissenschaftskommunikation
비센샤프츠코뮤니카치온, 즉 학문을 뜻하는 'Wissenschaft비센샤프트'와 '커
뮤니케이션'의 합성어이다. 여기서 사이언스라는 말은 보통 '과학'
으로 번역되는 경우가 많다. 따라서 영어로 사이언스 커뮤니케이션
science communication을 보통 '과학 커뮤니케이션'으로 인식하곤 한다.
그러나 엄밀한 의미에서 '과학'은 전체 학문 영역 중 일부라는 의미
인 '분과 학문'을 줄여 부르는 의미를 내포한다. 또한 학문을 크게 정
신 과학과 자연 과학으로 구분할 때, 과학은 보통 자연 과학을 지칭
하는 것으로 받아들인다. 따라서 사이언스 커뮤니케이션을 '과학 커

뮤니케이션'이라고 부를 경우, 인문 과학 또는 정신 과학, 사회 과학
은 사이언스 커뮤니케이션 대상에서 제외되는 문제가 발생한다.

지금까지 우리나라에서 사이언스 커뮤니케이션과 관련된 연구나
문헌을 살펴보면 과학 기술을 대상으로 이루어지는 커뮤니케이션을
의미하는 경우가 대부분이다(김학수, 2007; 이덕환, 2011; 박성철,
2005; 조숙경, 2007 참조). 그 이유는 무엇보다 최근 사이언스 커뮤
니케이션의 주요 이슈 가운데 다수가 주로 첨단 과학 기술 분야에 속
하기 때문이다. 아울러 논의도 주로 이와 관련하여 집중되는 것이 현
실이기도 하다.

하지만 사이언스 커뮤니케이션을 단지 과학 커뮤니케이션 차원으
로 한정할 수는 없다. 그 이유는 크게 두 가지를 꼽을 수 있다. 첫째,
과학 기술과 관련한 문제는 이제 과학 기술 분야의 전문 영역에 한정
된 차원에서 해결할 수 있는 것이 아니라, 전 학문적이자 전 사회적
차원에서 논의하고 소통하며 해결해야 할 문제다. 특히 최근 논쟁이
되는 이슈들은 해당 분야 전문가 그룹에 한정된 차원에서 해결할 수
있는 것이 아니다. 전문가들과 다양한 공중의 대화 및 상호 이해를
통해 해결되어야 하는 통합 학문적이자 사회적 문제인 것이다.

둘째, 과학 기술 분야 문제는 특정 학문 영역에 한정되는 것이 아
니라 전체 학문 분야와 연계되어 있다. 융합 및 복합이라는 말이 전
학문적 화두가 된 지 오래인 것처럼, 그것은 특정 분야의 전문가나
지식만으로는 해결하기 어려운 복잡한 문제들이다. 사실 사이언스
커뮤니케이션 연구 분야도 이런 배경에서 새롭게 등장한 것이다. 즉
그것은 자연 과학적 인식이 강한 '사이언스'라는 개념과 '커뮤니케이

션'이라는 인문·사회 과학 분야가 합쳐져 이루어진 융·복합 연구 분야에 해당한다.

따라서 사이언스는 '과학'을 넘어 '학문'의 의미로 해석하는 것이 타당하다. 새롭고 방법론적으로 엄밀한 지식을 생산하는 행위를 뜻하는 학문은 세계에 대한 오리엔테이션을 제시하고 사물의 연관성을 이해시키며, 미래에 일어날 일에 대해 예측하는 데 도움을 준다. 그러기 위한 지식은 검증 가능하고 엄밀하며, 객관적인 과학적 지식이어야 한다.

과학적 지식은 일상적 사고를 세련되게 발전시킨 체계성을 내포한다는 점에서 일상적 지식과는 다르다. 이러한 전문 지식을 생산하고 연구하는 전문가를 보통 '학자'라고 부른다. 학자의 전형적 이미지는 다음과 같이 네 가지로 나눌 수 있다(Weitze & Heckl, 2016). 첫째, 위험한 실험을 하는 특별하고 괴짜인 연구자. 둘째, 교사 또는 의사처럼 어떤 현상 또는 인과 관계를 조사하고 밝혀내서 도움을 주는 사람. 셋째, 새로운 기기를 만들어서 시험하고 개선하는 엔지니어. 넷째, 새로운 아이디어를 구상하고 이에 대해 실험하는 지적 연구자.

이와 같은 연구자의 스테레오 타입과 사이언스 커뮤니케이션은 밀접한 연관성을 지닌다. 이들의 연구 영역인 사이언스는 고도로 분업화되고 전문화되어 있어, 대중이 관련 지식을 이해하기는 매우 어렵다. 그럼에도 사회적 영향력이 크기 때문에 이와 관련된 전문 지식이나 정보는 사회 전체 구성원이 공유하고 소통해야 한다. 이러한 역할을 사이언스 커뮤니케이션이 수행하는 것이다.

◎ 사이언스 커뮤니케이션과 학문의 자유

사이언스 커뮤니케이션은 전통적 학문 연구 활동과는 다른 새로운 특성을 지니고 있지만, 학문 활동의 기본에 있어서는 다름이 없다. 학문의 세계에서와 마찬가지로 과학 기술 문명이 지배하는 현대 사회에서 학자 및 연구자의 역할이 매우 중요하다는 점은 이론의 여지가 없다. 대학 등 연구 기관에서 늘 연구에 몰두하는 이들 연구자에게 중요한 것은 연구의 자유라고 할 수 있다. 무엇을 연구할 것인가, 어떻게 연구할 것인가에 관한 선택의 자유는 학술 연구 활동의 핵심적인 요소에 속한다.

헌법 22조에서 학문 연구의 자유를 명시하고 보장하는 것도 이와 관련된다. 학문의 자유에는 연구 성과를 공표 및 출간하고 국내외 다른 연구자들과 교류하는 자유도 포함한다. 따라서 헌법에서 보장하는 학문의 자유에는 연구 활동뿐 아니라 커뮤니케이션도 포괄하는 의미를 지닌다. 현대적 의미에서 볼 때 이는 곧 사이언스 커뮤니케이션에 해당된다고 할 수 있다.

하지만 학문 연구의 중요성에 따른 자유권 규정을 살펴보면, 이를 실현하기 위한 필수적인 보장 장치를 결여하고 있다. 특히 학술 연구를 위한 재정적 안정에 관한 사항은 명시되어 있지 않다. 따라서 대학이나 연구소의 연구 활동은 정책적 결정이나 경제계의 지원 또는 공중의 여론에 의해 좌우될 가능성이 높다. 학계가 공중과 적극적으로 커뮤니케이션하고, 정치 및 경제계와 긴밀한 관계를 유지하는 것,

또는 미디어 활동을 중요시하는 현상은 이러한 배경과 관련이 있다.

아울러 사이언스 커뮤니케이션 현상이 활발하게 전개되는 배경에는 다른 요인도 함께 작용한다. 우선 사회적 민주화에 대한 요구가 각 분야에 걸쳐 점점 거세지고 있다. 특히 학문 세계는 그동안 전문가 집단이 독점적으로 지배하는 이른바 상아탑 학문으로서 성역처럼 간주되어 왔다. 이러한 상아탑의 벽을 허물어야 한다는 요구는 내적, 외적 차원에서 동시에 제기되었다. 먼저 내적으로는 정치, 경제 및 일반 대중과의 소통의 필요성에 대한 폭넓은 공감대가 형성되었다. 그렇지 않으면 연구 기관의 재정적 토대 등 존립 기반이 위태로워지는 시대이기 때문이다. 그리고 외적으로 학문의 민주화에 대한 요구가 점점 커지는 분위기도 작용하였다. 특히 과학자가 독점하는 과학 기술에 대한 전문 지식은 사회에 미치는 긍정적, 부정적 영향력이 막대하므로, 이를 대중과 함께 공유하고 소통해야 한다는 목소리가 높다.

이러한 학계 내외의 환경 변화에 디지털 방식의 커뮤니케이션 기술이 보태지면서, 사이언스 커뮤니케이션에 대한 관심은 폭발적인 전환기를 맞이하였다. 그동안 전문 영역으로 존재하였던 매스미디어의 진화는 물론 인터넷 소셜 미디어 등의 상용화는 사이언스 영역의 담장을 일거에 허무는 계기가 되었다. 그 결과 사이언스는 이제 대중 사회와 적극적으로 소통하는 시대를 맞이했으며, 이는 곧 사이언스 커뮤니케이션 현상에 다름 아니다.

2장

사이언스 커뮤니케이션의 형성 과정

◎ **사이언스 커뮤니케이션 이전의 지식 전파**

리하르트 빌헬름Richard Wilhelm은 독일 출신 중국학자로, 애초에 그는 1899년 선교사로 중국에 들어가 20여 년을 체류하였다. 그동안 그는 노자의 《도덕경》 등 중국 고전을 섭렵하고 독일어로 번역하여 당시 미지의 세계였던 동양의 학문과 지식을 서방 세계에 전수하는 데 크게 기여하였다. 특히 난해한 유·불·선 동양철학을 서구적 시각에서 빼어나게 해석하여 서구 지식인 사회에 미친 영향이 지대하다. 현대적 시각으로 볼 때, 한 사람의 학자가 서구 지식 사회 전반에 끼친 영향력이 어떻게 그토록 지대할 수 있었는지 이해하기 쉽지 않다. 하지만 한 사람 또는 한 권의 책이 다른 문화권에 지식을 전파하는 데 결정적 역할을 했다는 사례는 그 외에도 많다.

영국의 역사학자 피터 버크Peter Burke는 지식의 생산과 확산에 관하여 역사적으로 연구하였다. 그에 의하면, 과거 대중에게 지식이 확산되는 전형적인 유형은 매우 다채로웠다(피터 버크, 2015).

우선 구두 전달을 통한 지식 전수이다. 지식 전수에서 구두커뮤니케이션은 가장 오래된 양식이다. 소크라테스의 문답법, 동양 고전을 암기시키는 스승의 모습, 대학 강단에서 강의하는 교수 등을 쉽게 떠올릴 수 있다. 18세기 말에는 대중 앞에서 과학 실험이 정기적으로 시연되는가 하면, 대중의 관심을 끌기 위해서 강의 때 다양한 퍼포먼스를 하기도 하였다.

둘째, 사절단을 파견하는 방식이다. 프랑스는 1930년대 브라질 상파울루대학으로 사절단을 파견하였는데, 훗날 우리에게도 널리 알려진 역사학자 페르낭 브로델Fernand Braudel과 인류학자 클로드 레비스트로스Claude Lévi-Strauss도 동행하였다. 보통 사절단은 선진 문물을 배우기 위해 파견되곤 하는데, 선교사나 종교인 등 종교적 목적으로 파견되어 지식을 전수할 때도 많았다. 이들이 파견지에 대학을 세워 학문과 지식을 전파하기도 했다. 우리나라의 몇몇 유명 사립 대학도 이러한 사례에 속한다.

셋째, 원주민과의 직접적 만남을 통한 지식 전수이다. 대표적 사례로는 네덜란드 동인도회사와 영국 동인도회사 소속 유럽인들이 동남아시아와 인도의 문화와 자연에 대한 지식을 유럽에 전수한 경우를 들 수 있다. 또 민속학자, 인류학자들은 현지에 장기간 체류하면서 지식과 경험을 겸비한 전문가적 소양을 갖추기도 한다.

넷째, 편지 교환을 통한 지식 교류이다. 편지 교류를 통한 가상 공동체는 15세기부터 18세기까지 유럽에서 지속되었다. 당시 운송에는 주로 말을 이용하였는데, 이후 증기기관 기차와 배가 등장하면서 국제 학술대회에 학자들이 함께 모여 정보를 교류하게 되었다. 따라서 편지를 매개로 하는 지식 소통 시대는 막을 내렸다.

다섯째, 수집품 전시를 통한 확산이다. 근대 초기 이태리의 메디치 Medici 가문은 다른 나라의 그림, 조각상, 공예품, 조개껍질 등을 사적으로 수집, 전시하여 지식을 전파하였다. 프랑스 혁명 이후에는 공적으로 수집하여 박물관 또는 미술관에 공개적으로 전시하는 것이 유행하였다. 또 1885년에는 영국에서 과학박물관이 세워지기도 하였다.

그 외에도 필사본을 통한 지식의 이동이 이루어지다가 인쇄술이 발명된 이후 16세기부터는 책을 통해 장거리 지식 네트워크가 형성되기에 이르렀다. 이처럼 다양한 유형의 과학 지식 생산과 확산으로부터 하나의 공통점을 발견할 수 있다. 즉 수집-가공-전파의 세 단계를 거친다는 점이다. 과학 탐사대가 정보를 수집하면, 이를 가공하여 지식을 생산하고, 전파하는 것이다(피터 버크, 2015).

이러한 과정을 거쳐서 지식 전파가 대중화되는 데는 대중 강연, 박물관, 인쇄된 책의 공헌이 컸다. 특히 책은 16세기부터 수 세기 동안 의학 서적, 자연 과학 서적, 역사 서적, 백과사전 등을 중심으로 베스트셀러가 되면서 지식 확산의 매개체가 되었다. 아울러 1845년 창간한《사이언티픽 아메리칸Scientific American》, 1888년 창간한《내셔널

지오그래픽National Geographic》등의 전문 잡지도 지식 확산에 크게 기여하였다. 또 20세기 초중반에 이르러 라디오, 텔레비전이 등장하면서, 근대적 학문 및 과학 지식을 매개하는 대중화 시스템도 갖춰지게 되었다.

◎ 대중 학문의 등장

사이언스 커뮤니케이션은 최근 들어 주목받는 새로운 연구 영역이자 현상이다. 하지만 그 기원을 추적하면 근대 사회의 형성과 관련된다. 왜냐하면 근대에 들어서 학문과 과학의 탄생이 시작되었기 때문이다. 과거의 미신과 무지를 벗어나 과학과 지식의 시대가 열리면서, 사이언스가 비로소 등장하게 된다. 따라서 근대 학문의 기초가 되는 지식은 인류 사회가 미신의 시대를 넘어 계몽의 시대로 이행하는 계기가 되었다. 특히 과학적 지식의 생산 방식으로서의 실험은 계몽주의 시대 이후 정착되었다. 학문의 지식 생산을 위한 실험적 방법은 반복 가능하고 그 결과를 공적으로 전달할 수 있기 때문에 연구에 대한 검증이 가능하다. 이는 과학 이전 시대의 주관적, 관념적 지식과는 전혀 다르다. 즉 과학적 지식은 주관적 신념이나 경험을 떠나 지식을 얻을 수 있는 합리적인 방법으로 획득되었다. 그 결과 다른 연구자의 견해나 경험도 서로 공유하고 수렴하면서 신뢰성과 객관성을 갖게 된 것이다.

하지만 이러한 과학적 지식을 기반으로 근대 학문이 대중화되는 데는 오랜 시간이 걸렸다. 즉 19세기에 들어서야 이윤 추구 목적의 대중적 학문이 등장하였다. 당시 소비자 대중을 고객으로 하는 대중 학문은 인기 있는 분야였다. 대중 학문은 전문가인 학자가 대중을 대상으로 전문 지식을 이해하기 쉽게 전달하는 방식을 취했다. 당시 전문가의 전유물이었던 지식에 대한 대중의 호기심과 욕구는 매우 컸으며, 이를 충족시켜 준 것은 온전히 전문가의 권위였다. 이것이 오늘날 학자와 공중 사이의 일방적이고 권위적인 소통의 시초라고 할 수 있다.

당시 대중 학문과 학자는 오늘날과 같이 제도화된 학문 시스템에 속한 것은 아니었다. 즉 대중적 인기를 끄는 학자는 일정한 교육 제도를 이수한 후 자격을 부여받은 사람이라기보다는, 이른바 아마추어 학자였다. 하지만 어떤 사물을 전문적으로 관찰 연구하는 아마추어 연구자는 특정 분야의 전문가로서 오늘날의 학자 이미지와 다르지 않다. 이들은 한편으로 과학자의 전신前身에 해당하며, 동시에 오늘날 '시민 과학자citizen science'의 모습과 유사하다고 할 수 있다.

이에 비해 제도권에 속하는 학자가 대중적 인기를 끈 경우도 있었다. 대표적으로 알렉산더 훔볼트Alexsander von Humboldt를 들 수 있다. 그는 강단에서 명강의로 명성을 얻는가 하면, 대중을 대상으로 지식을 매개 전달하는 두 가지 역할을 수행한 학자였다. 그의 강의는 왕부터 노동자까지 모든 계층의 사람이 몰려 성황을 이룰 만큼 대중적 인기가 높았다(Weitze & Heckl, 2016 참조). 이런 면에서 훔볼트는 학문의 대중화Popularization of Science를 개척한 대표적 학자라고 평가할 수 있다.

대중의 인기를 한 몸에 받았던 19세기 대중 학문은 당시 폭발적으로 증가한 자연 과학적 지식을 기반으로 했다. 이에 대한 대중의 관심이 커지자 수많은 학자, 아마추어 연구자 또는 지식 전달자들이 동참하였다. 하지만 이러한 대중 학문의 급성장과 이들의 과학적 지식에 대한 신뢰성 문제는 대중 학문에의 불신감이 커지는 계기가 되었다. 그 결과 각 분야의 전통 학문이 표준으로 인정받고, 대중 학문은 주변으로 밀려나게 되었다.

이상과 같이 19세기에 등장한 대중 학문은 오늘날의 사이언스 커뮤니케이션과 유사하다고 할 수 있다. 이들은 아카데미 학문이 아닌 세속화, 대중화된 학문의 장을 열었다는 데 의미가 있다. 하지만 고유한 규칙과 원칙을 갖춘 아카데미 학문으로서의 전통 학문과 달리, 대중 학문은 유사 학문 또는 사이비 학문으로 인식되기도 하였다.

학문 세계에서는 늘 새로운 이론이나 주제가 등장하곤 한다. 지동설, 상대성 이론, 양자역학 등. 이러한 새로운 학문과 대중의 소통을 위해 다양한 매개체 또는 미디어 양식이 등장하곤 했다. 신문, 잡지, 라디오, TV, 책, 전시회, 박물관, 극장, 식물원, 동물원 등등. 이들을 통해 학문과 지식을 대중에게 이해시키고 상호 소통케 하는 것은 사이언스 커뮤니케이션의 역할이다.

◎ 과학 기술 발전과 커뮤니케이션

한편 학문의 지형은 19세기를 지나 20세기에 접어들면서 큰 변화를 보이게 되었다. 이는 무엇보다 과학과 공학의 획기적인 발전에 따른 것인데, 그 배경은 크게 두 가지로 구분할 수 있다. 첫째는 근대 과학혁명 이후 발전을 거듭해온 과학이 전환기를 맞이했다는 점이다. 널리 알려져 있듯이 1905년 아인슈타인Einstein은 상대성 이론 Theory of Relativity을 발표하여 물리학 역사를 새로 썼다. 아인슈타인은 질량(m)과 에너지(E)가 등가로서 서로 변환될 수 있고, 진공 속의 빛의 속도(광속)의 제곱으로 매개된다는 E=mc2 공식을 제시하였다. 그리고 이를 통해 작은 질량의 물체를 변환하면 어마어마한 에너지를 얻을 수 있다는 이론을 물리학계에 발표하였다. 비슷한 시기에 과학자들은 핵과학 연구, 중성자 실험 등을 거쳐 아인슈타인이 제시했던 핵분열을 통해 엄청난 에너지를 방출시키는 물리 반응이 가능하다는 결론에 도달하였다. 핵분열 반응을 통해 우라늄 1㎏으로 TNT 약 2만 톤의 에너지가 생성되는 것이다. 이 에너지는 야누스적 역할을 할 수 있는데, 불행하게도 대량 살상 무기인 원자폭탄 제조로 먼저 이어졌다.

둘째는 두 번에 걸친 세계대전의 영향이다. 제1차 세계대전에 이어 제2차 세계대전에서 강대국들은 대규모 과학자를 동원하여 무기 개발에 박차를 가했다. 특히 원자폭탄을 제조하려는 경쟁에 사활을 걸었다. 선두 주자였던 미국은 히틀러가 원자폭탄을 개발하여 재앙을 불러오는 것을 방지하기 위해 약 20억 달러의 예산을 투입하여 일명 '맨해튼 계획Manhattan Project'이라는 원자탄 개발 프로젝트를 추진했다. 미국 육군 주도하에 핵물리학자 로버트 오펜하이머Robert Oppenheimer를 위시하여 약 3천여 명의 과학자가 모여 수행한 기념비적인 프로젝트였다. 이 프로젝트의 연구 성과는 결국 일본에 원자폭탄 투하로 이어졌고, 이후 무한 군비 경쟁 시대가 도래했다.

이러한 일련의 과정을 통해 과학 연구는 19세기까지의 모습과는 전혀 다른 차원으로 변하였다. 무엇보다 과학 연구 기반이 확장되고 과학 기술이 거대화되는 현상이 나타났다(김명진, 2008). 구체적으로, 먼저 연구 기관의 확장이 빠르게 진행되었다. 대학은 물론 정부 연구소와 민간 연구소 및 기업 연구소 등이 속속 신설되었다. 제너럴 일렉트릭 연구소는 이미 1900년에 설립되었고, 이후 벨 연구소, 듀퐁 연구소, IBM 연구소 등 기업 부설 연구소가 뒤이으면서 기초 과학 연구와 새로운 발명품들을 만들어 냈다. 동시에 대학에서는 연구를 수행함과 동시에, 전문 연구 인력을 배출하여 과학 기술 연구의 시스템이 뿌리내리는 데 기여하였다. 특히 1940년대까지만 해도 미국의 대학 교수는 외부 연구비를 지원받을 수 없었는데, 불과 20년이 지난 1960년대에는 국가 또는 기업으로부터 지원받은 거대한 연구비와 인력 그리고 실험 장비를 갖추고 연구할 수 있었다. 그러한 순수 연구가 기술 개발까지 이어져 실용성과 경제성을 갖춘 다양한 제품으로 생산되리란 기대를 할 수 있기 때문이다.

화학 살충제 남용으로 인한 환경 문제의 심각성을 일깨워 준 레이첼 카슨Rachel Carson의《침묵의 봄》에는 이를 실감할 수 있는 이야기가 들어 있다. 당시 화학자들은 다국적 제약 회사로부터 거액의 연구비를 받는 등, 기업과 과학자의 긴밀한 커넥션이 일반화된 현상이었다. 레이첼 카슨은 이런 유착 관계가 문제 해결을 어렵게 하는 원인임을 지적하였다.

20세기 또 다른 특징은 과학 기술 연구의 거대화이다. 앞서 서술했던 미국 핵무기 개발 연구가 대표적 사례다. 막대한 연구비와 수천 명에 이르는 연구진이 장기간 집중적으로 투입되어 진행하는 연구는 그전에는 상상하기 어려웠다. 이러한 거대 프로젝트는 국가 또는 기업과 연구 기관의 과학자들이 하나의 공동체가 되어 수행하는 구조이고, 그 결과는 전 세계적으로 파급력이 매우 크다. 사이언스 커뮤니케이션의 씨앗은 이러한 환경에서 싹트기 시작한 것이다.

한편 1955년 아인슈타인은 버트런드 러셀Bertrand Russell과 함께 핵무기 사용으로 인한 인류 절멸의 위기를 경고하는 성명을 발표하기에 이르렀다. 하지만 파멸적 전쟁에 이어 과학이 정치와 하나가 되어 이끄는 핵무기 경쟁 등, 전 사회적 문제를 야기하는 과학 기술 연구에 대해 다수의 과학자는 소극적인 입장을 취했다. 오히려 원자폭탄, 로켓, 페니실린, 컴퓨터 등 눈부신 기술 개발로 인해 과학자의 위상은 매우 높아졌고, 정책 결정 과정에서의 영향력도 커졌다. 당시 과학 기술의 효과에 대한 사회적 기대도 긍정적이어서 공중과의 긴밀한 커뮤니케이션의 필요성은 크지 않았다. 그러나 심각해지는 환경 오염, 이어지는 원자력 발전 사고 등으로 이런 분위기는 오래가지 못했다.

사이언스 커뮤니케이션의 시작

사이언스 커뮤니케이션의 시초는 1950년대 미국에서 시작된 이른바 '대중의 과학 이해Public Understanding of Science(PUS)' 운동에서 출발되었다고 할 수 있다. 이러한 사이언스 커뮤니케이션의 움직임은 몇 가지 배경을 기반으로 한다. 우선 급증하는 자연 과학적 지식에 대한 이해나 그것을 현실 사회에 적용하는 문제에 관해 사회적 공감대를 형성할 필요가 있었다. 아울러 과학 기술 연구에 대해 대규모적인 공적 자원을 투입하는 데 관련한 사회적 논란에 있어 정당성을 확보해야 하는 문제가 제기되었다. 사실 학문 또는 과학은 전문 지식을 생산하고 이를 사회 차원에서 유용하게 사용하는 실천에 관한 것으로, 주로 전문가 집단과 관련한다. 이들과 비전문가 집단인 공중 사이의 커뮤니케이션이란 전문 지식에 대한 깊이 있는 논의를 뜻하거나, 전문가 차원에서의 대화를 의미하지 않는다. 오히려 공중 또는 일반 시민에게 낯선 학문이나 과학 기술 자체에 대한 이해를 높이고, 서로의 거리감을 줄이는 것이 필요하였다.

이런 의미에서 PUS 패러다임은 전문가가 대중을 대상으로 한 직선적이고 일방향적인 사이언스 커뮤니케이션의 성격을 지닌다. 커뮤니케이션 목적도 전문 지식이나 기술 또는 과학 자체를 공중에게 설명하는 교양 수준의 이해를 지향한다. 따라서 PUS 차원의 사이언스 커뮤니케이션에서 학자는 전문 지식과 관련한 팩트 전달을 최소한으로 줄여야 한다. 다시 말하면 대중의 눈높이에 맞춰 지식을 전달하는 것이 커뮤니케이션의 핵심이다.

당시 과학에 대한 일반 시민의 무관심 또는 무지는 보편적인 현상이었다. 달리 말하면 과학에 대한 지식은 전문가 집단이 독점하는 것이 지배적 현상이었다. 이러한 문제는 우선 대중이 과학 지식에 관한 지적 향유를 누리지 못하는 결과를 초래한다. 나아가 궁극적으로는 민주주의 차원에서 더욱 중요한 문제를 불러일으킬 수 있다. 투표 등 참여를 통해 중요한 결정을 내리는 권한을 시민들이 갖고 있음에도, 일상적 삶과 미래를 통제하는 과학 기술의 힘에 대해서는 무지한 상태이기 때문이다. 이를테면 원자력 발전을 중단하고 태양광 등 대체 에너지의 기술 개발 및 이용에 천문학적 세금을 투입하는 프로젝트에 동의하거나 반대하는 결정권을 행사해야 하는데, 이해 부족으로 잘못된 판단을 내려 큰 손실을 초래할 수 있다.

반대로 과학자 또는 전문가는 닫힌 상아탑 속에서 전문 지식을 생산하고 기술을 개발한다. 전문 지식이 점점 깊어지고 분화를 거듭할수록 공중은 점점 더 배제되며, 전문가들만이 공유하는 지식 세계가 나타난다. 지적 황홀감에 취한 학자들은 비전문가는 이해할 수 없는 언어(전문 용어)를 사용하면서 그들만의 언어적 유희에 빠지기도 한다. 동일한 학문 분야의 연구자일지라도 세분화된 전문 영역이 다르면 서로 공유하거나 이해할 수 없게 된다.

이러한 배경에서 과학자와 일반 대중의 거리는 점점 멀어져 갔다. 하지만 학문과 과학에 대한 대중의 관심 또는 호기심이 사라진 것은 아니다. 일반 시민을 대상으로 한 학문의 대중화 또는 대중 학문이 인기를 끈 것이 이를 증명한다. 1962년 발간된 레이첼 카슨의《침묵의 봄》은 환경 위기에 대한 세계적 관심을 불러일으켰다. 1972년 로마클럽Club of Rome이 발표한 보고서 〈성장의 한계The Limit to Growth〉는 PUS와 같은 학문의 대중화를 촉발하는 계기가 되었다. 이들은 특히 환경 문제, 과학 기술 기반의 성장과 개발 위주의 경제 패러다임에 대하여 세계인의 경종을 울렸으며, 동시에 과학 대중화가 본격적으로 전개되는 전환점이기도 했다.

사이언스 커뮤니케이션의 제도화

과학 대중화 차원의 사이언스 커뮤니케이션은 1985년 영국 왕립협회가 연구 보고서 〈대중의 과학 이해Public Understanding of Scienc(PUS)〉를 발표하면서 본격적으로 전개되기 시작했다. 이는 당시 연구 보고서 책임자였던 생물학자 월터 보드머Walter Bodmer 이름을 따서 일명 '보드머 보고서Bodmer Report'라고 불리기도 한다. 보고서에서 보드머는 학자와 공중과의 단절이 학문의 소외와 왜곡을 초래하였다고 평가하였다. 이에 따라 영국은 1985년 '대중의 과학 이해 위원회Committee on Public Understanding of Science(CoPUS)'를 신설하였다. CoPUS는 왕립협회, 왕립연구소, 영국협회가 공동으로 운영하는 기구이다(Weitze & Heckl, 2016).

대중의 과학 이해가 내포하고 있는 중요성은 몇 가지로 정리할 수 있다. 첫째, 대다수 연구 프로젝트는 공적 재원으로 이루어지는 것으로, 공중의 참여 권리가 중요하다. 둘째, 잠재적 후속 연구자 발굴은 과학과 공중과의 긴밀한 상호 관계에 의해 좌우된다. 셋째, 과학적 지식은 국민의 일상적 삶에 영향을 미치는 중요한 문화다. 이러한 인식을 확산하기 위해 대중의 과학 이해는 중요하게 받아들여졌다. PUS를 통한 더 많은 지식 전달은 더 많은 공중의 수용을 의미한다고 보았기 때문이다. 실제로 PUS 운동의 사회적 영향은 컸다. 과학 대중화를 위한 다양한 활동이 전개되었고, 과학 대중화의 이론적 성찰 기반이 구축되었다.

PUS 운동 비판

하지만 PUS 운동이 지닌 몇 가지 문제점도 드러났다(Weitze & Heckl, 2016).

첫째, PUS는 이른바 결핍 모델Defizitmodell에 기초한 사이언스 커뮤니케이션 활동에 속한다. 즉 공중의 과학적 지식이 부족하므로 이들에게 더 많은 정보를 제공하는 것이 중요하다고 보았다. 하지만 이후 분석 결과 이런 인식은 잘못된 견해라는 회의적 시각이 제시되곤 하였다.

둘째, PUS를 통해 심도 있는 토론이나 비판은 이루어지지 않았다. 또한 시민이 중심이 되기보다는 커뮤니케이터로서 학자들의 역할이 강화되는 계기가 되었다는 의견이 있었다.

셋째, PUS 운동의 핵심 개념인 공중, 과학, 이해의 개념 자체가 문제를 내포하고 있다는 주장이다. 먼저 '공중public'은 추상적이고 모호한 개념이다. 또한 '이해understanding'는 인지적 요소를 강조하는 개념으로서, 공중과의 현실 세계 논의에서 작용하는 감성적, 윤리적 차원과 다른 것이다. 나아가 '과학적 사실'은 외부인에게 자의적인 것으로 인식될 수도 있다. 왜냐하면 '과학science'은 하나의 결과물일 뿐 아니라, 연구자 또는 연구 기관이 관여하는 총체적 시스템이기 때문이다.

이상과 같은 대중의 과학 이해 지향적 패러다임이 초래한 궁극적인 문제점은 무엇일까? 아이러니하게도 PUS 운동은 대중의 과학 이해라는 목표보다 과학자의 권한이 더 강해지는 결과를 초래하였다. 이 모델에서 시민 대중은 주체가 아닌 목표 집단으로서 단지 이해만이 요구되었다. 그 외에 참여 또는 동의 같은 목표는 처음부터 배제되었다. 따라서 대중의 과학 이해는 자체의 한계성으로 인해 쇠퇴하고, 새로운 패러다임으로 전환되는 결과를 낳았다.

21세기 사이언스 커뮤니케이션 등장

영국 왕립협회는 1985년 보드머 보고서 이후 15년 만에 〈과학과 사회Science and Society〉라는 새로운 보고서를 발간하였다. 이 보고서에서는 무엇보다 학문과 공중 사이의 신뢰 관계가 위기에 처해 있다고 평가하였다. 사이언스에 관한 대중의 관심은 지대한 데 비해, 학술 연구 기관에 대한 신뢰는 낮은 상태였기 때문이다. 대중의 과학 이해 운동이 많은 지식과 정보를 수용자에게 제공했지만, 그것이 신뢰도를 높이진 못했다는 점을 지적하였다. 따라서 〈과학과 사회〉는 대중의 과학 이해 모델을 폐기하고 대화를 추구하는 새로운 모델을 제시하였다. 이는 매우 중요한 의미를 갖는다. 왜냐하면 학문과 과학에 있어 진정한 소통의 시대, 즉 사이언스 커뮤니케이션 시대가 열렸음을 뜻하기 때문이다.

사실 사이언스 커뮤니케이션의 등장은 학술 연구 집단의 위기의식에서부터 시작되었다. 그동안 전문가들은 적극적인 사이언스 커뮤니케이션의 필요성에 대한 근거를 다양하게 제시하곤 하였다. 이를 구체적으로 열거하면 세 가지를 꼽을 수 있다. 첫째, 학문의 매개 활동이 성공적으로 이루어지지 않으면 과학 시대를 성공적으로 이끌 수 없다. 둘째, 사회와 정치에서 과학 기술의 중요성이나 영향력이 상실되면, 연구 활동에 필요한 자원과 재원을 보장받지 못한다. 셋째, 과학 기술의 성공은 시민들의 관심과 필요성에 따라 좌우된다. 이러한 분위기가 확산함에 따라, 각국에서는 학문과 외부 사회의 소통을 위한 다양한 연구와 활동이 촉진되었다.

사이언스 커뮤니케이션 프로그램

대표적으로 독일의 경우 1999년 학술 연구 기관들이 모여 사이언스와 대중의 대화가 활성화되도록 결의하였다. 그 결과 이른바 '사이언스 대화Wissenschaft im Dialog(WiD)'라는 협의체가 결성되어, 다양한 사이언스 커뮤니케이션 프로그램을 시행하고 있다. 구체적인 실천 프로그램 중 하나는 PUSH(Public Understanding of the Science and Humanities), 즉 대중의 과학 및 인문학에 대한 이해를 높이는 실천 방안이다. 그동안 전문가 집단이 독점했던 학문 영역을 대중에게 개방하고 공유하려는 것으로, 이미 다양한 제도와 실천 프로그

램으로 활성화된 영국 모델을 도입한 것이다. 예컨대 독일연방교육
연구성은 '학술의 해Wissenschaftsjahre'를 정해 다양한 학술 축제 행사
를 개최하고, 이를 통해 학술 연구 및 과학 기술에 대한 국민의 인식
을 높이고자 한다. 또한 독일학술재단협의회에서는 PUSH 차원의
다양한 프로젝트를 지원한다. 대학과 연구 기관들은 '청소년 실험실
Schuelerlabore'을 운영하여 연구 프로젝트를 위한 각종 장비와 상호 소
통의 장을 제공한다. 그 외에 독일연구협의회는 매년 대중과 적극적
인 소통을 한 모범 연구자를 선정하여 '커뮤니케이터상Communicator-
Preis'을 수여하며, '학술저널리즘포럼Forum Wissenschaftsjournalismus'을
정기적으로 개최해 전문가들이 한자리에 모여 토론하고 경험을 공
유하는 기회로 삼는다(Weitze & Heckl, 2016).

하지만 아직 사이언스 커뮤니케이션의 성공적인 모델에 대하여
합의된 결과는 없다. 이는 앞으로의 과제에 속할 것이다. 다양한 포
맷을 개발하기는 쉽지 않다. 중요한 것은 미래의 사이언스 커뮤니케
이션을 위해 대중의 이해와 수용성을 높이고, 긍정적 여론을 형성하
는 것이다. 동시에 실천적 차원의 목표 달성도 중요하다. 이를테면
정확한 정보를 전달하여 시민들의 관심을 일깨워야 한다.

3장

사이언스 커뮤니케이션의
패러다임

◎ 대중화 또는 민주화

사이언스 대중화 패러다임

1950년대 이전은 사이언스 커뮤니케이션 현상이 부재한 시대였다. 즉 전문가 집단이 사이언스를 지배하는 시대, 전문가와 전문가 사이의 커뮤니케이션만이 존재하는 시기였다. 이들 학자 또는 연구자는 상아탑 속에서 연구자 내부 세계의 소통에 머물러 있었다. 외부 집단의 참여가 불가능한 전문가 차원의 커뮤니케이션이 지배한 것이다. 연구자는 일정한 연구 과정을 거쳐 특정 주제의 연구 결과를 논문 형식으로 학술지에 발표한다. 이에 관한 토론이나 평가는 동일 분야 동료 연구자에게만 자격이 주어진다. 한마디로 학문에 대한 소통은 전통적인 학술 커뮤니케이션에 한정되어 있었다.

사실 사이언스 커뮤니케이션은 새로운 학문에 대한 대중적 소통에서부터 시작된다. 대표적으로 영국 왕립협회가 설립된 이후 당시 자연 과학의 혁명적 지식에 관한 사회적 차원의 커뮤니케이션을 시도한 것이 계기가 되었다. 다만 당시 참여 수요자층은 귀족 계급에 한정되었다. 일반 대중을 대상으로 한 학문의 커뮤니케이션은 20세기 중반에 이르러서야 본격화되었는데, 이는 다음과 같은 몇 가지 요소가 함께 작용한 결과이다. 첫째, 당시 첨단 과학 기술이 급격하게 발전하였고, 이에 따른 과학 기술의 사회적 영향력도 증대되었다. 둘째, 1960년대 환경 문제의 심각성이 전 사회적 관심의 대상이 되었다. 앞서 언급했던, 레이첼 카슨의 《침묵의 봄》이 그러한 기폭제가 되기도 했다. 셋째, 국민의 교육 수준이 높아지고 사회적 민주화에 따라 시민 의식이 강화되었다. 이런 상황에서 과학 기술계를 중심으로 상아탑을 벗어나 외부 사회와 소통할 필요성에 대한 의견이 확산되었다.

하지만 당시 사이언스 커뮤니케이션의 패러다임은 계몽적 소통이 지배적이었다. 즉 전문가가 대중을 상대로 일방적으로 소통함으로써 과학적 지식을 전달하는 것이었다. 커뮤니케이터는 전문가이고 수용자는 대중인 일방향적 소통 패턴이 유지된다. 즉 전문가와 정책 결정자 주도로 커뮤니케이션이 이루어지고, 대중은 수동적 수용자로서 단지 대상화되는 객체에 그친다. 내용상으로 보면, 과학적 지식에 무지하고 결핍된 대중에게 전문가가 과학 지식을 일방적으로 전달하는 과정이라고 할 수 있다.

이러한 수동적 대중, 일방향성, 수직적 소통은 과학 대중화science popularization 단계의 특성이다. 학문의 대중화 단계의 기본 소통 구조는 우선 '전문가-미디어-수용자' 구도로 이루어진다. 즉 매스미디어를 통한 매개적 소통 패러다임과 동일한 현상이 지배한다. 달리 표현하면 사이언스 저널리즘의 성격이 강한 소통 현상이라 할 수 있다. 둘째, '대중 학문'으로서 커뮤니케이션 현상이 두드러진다. 새로운 학문이나 지식에 대한 대중적 호기심을 바탕으로 저서나 강연을 통한 지식 전달이 유행하였다. 셋째, 대중적 인기를 끄는 분야는 주로 자연 과학이었다. 순수 과학이나 기술, 의학 등 근대 과학 분야의 새로운 지식에 대한 대중의 뜨거운 관심이 그 배경으로 작용한 것이다.

이러한 사이언스의 대중화 패러다임은 과학자들의 과학 만능주의적 사고방식에서 비롯한다는 비판도 제기된다. 동시에 일방적인 과학 교육 정책 차원에서 이루어졌다는 점도 지적의 대상이다. 사실 미국에서의 과학 대중화 정책은 1957년 소련이 미국 등 서방 국가를 제치고 최초로 인공위성 스푸트니크호Sputnik를 성공시킨 데 대한 자극에서 촉발된 측면이 강하다. 일방적인 과학 대중화 정책으로 인해 오히려 첨단 과학 기술에 대한 사회적 불신이 커지게 되었다는 사실도 부인하기 어렵다. 그 결과 궁극적으로 사이언스 커뮤니케이션 패러다임의 전환이 초래되었다.

사이언스 민주화 패러다임

한편 사이언스 대중화 패러다임이 지난 후에는 사이언스 민주화 패러다임 시기가 등장한다. 민주화 패러다임은 2000년대 직전 영국에서부터 시작되었다. 1985년 영국 왕립협회 보고서 〈대중의 과학 이해〉의 확산 운동을 실행한 결과, 유전자 조작 식품이나 광우병 등 논쟁적 이슈에 대중의 관심이 반영되지 못했다는 비판이 제기되었다. 이러한 한계를 극복하고자 영국 왕립협회는 1999년 '사회 속의 과학Science in Society' 프로그램을 기획한다. 이에 따라 2000년 영국 의회 보고서 〈과학과 사회Science and Society〉가 발간되며, 이를 계기로 패러다임의 전환이 이루어지게 된 것이다.

대중의 과학 이해를 추구하던 대중화 패러다임의 한계는 수용자가 능동적 주체인 공중이라는 점을 고려하지 않았으며, 이에 수평적인 눈높이 대화를 하지 못했다는 점이다. 과학자, 연구자는 이를 간과하고 일방적인 정보 전달 방식을 통해 커뮤니케이터 위치를 차지하였다. 반면 수용자 대중은 객체의 위상에 그치게 되는 한계를 벗어나지 못했다. 이에 비해 다원적 참여 집단이 주체가 되는 민주적 소통 패러다임에서, 전문가는 커뮤니케이터로서의 우월적 지위를 상실한다. 대신 학문이나 과학에 관한 다양한 이해 당사자 사이의 진정한 커뮤니케이션이 추구된다. 따라서 '커뮤니케이터=전문가'라는 등식은 깨지고, (전문가를 포함한) 다양한 이해 당사자가 곧 커뮤니케이터로서 쌍방향적 커뮤니케이션을 나눈다. 민주적 패러다임은 과학 정책 및 의사 결정에서 대중의 능동적 참여를 강조한다. 즉 대중의 과학 이해(PUS) 패러다임에서 추구하는 과학 이해를 넘어서는 적극적 동참을 지향한다. 이때의 키워드는 '이해'가 아니라 '커뮤니케이션'이다.

또한 민주적 패러다임은 사이언스 전반에 대한 다학제적, 융·복합적 접근을 시도한다. 특히 인문·사회 과학적 접근 방식을 포괄한다. 이를 통해 단순히 과학 기술에 관한 지식을 전달하는 것이 아니라, 과학 기술에 관한 지식의 생산, 유통 및 이용과 관련한 전반적인 이슈에 대해 전 사회적 차원에서 공유하고 결정하는 소통 행위를 지향한다. 이러한 사이언스 커뮤니케이션의 기본 방향은 대중의 과학 이해를 위한 활동, 과학 기술의 불확실성 및 위기 관리와 관련된 커뮤니케이션 강화, 과학과 대중 간 커뮤니케이션의 일상화, 그리고 과학 정책 결정에의 대중 참여 등으로 정리할 수 있다.

◎ 사이언스 커뮤니케이션 모델 평가

사이언스 커뮤니케이션에 대한 모델은 학자마다 다양하다. 대표적으로 브러사드Brosaard와 르웬스타인Lewenstein은 각 커뮤니케이션의 특성에 따라 결핍 모델, 맥락 모델, 전문가-시민 모델, 공중 참여 모델 등 네 가지 모델을 구분하며, 바우어Bauer는 과학 교육science literacy, 공중 이해public understanding, 사회 속 과학science in society이란 세 가지 모델을 제시한다. 한편 로건Logan은 사이언스 매스 커뮤니케이션 모델과 사이언스 커뮤니케이션 상호 작용 모델로 이를 구분하기도 했다. 이들은 내용 또는 시기를 중심으로 사이언스 커뮤니케이션을 구분하고 있는데, 공통점은 커뮤니케이션 주체 중심이 아니라 사회적 목표로서 공익을 추구한다는 점이다.

매개 모델과 이해 모델

라웁Raupp은 이상의 다양한 모델을 두 가지로 통합하여 매개 모델과 이해 모델로 구분하였다(표 3-1 참조). 시기별로 보면 사이언스 커뮤니케이션 전반기(1960~1980년대)는 중개 또는 매개 모델이 주류를 이루며, 1990년대 이후부터 시작되는 후반기는 이해 지향 모델이 지배적이다. 매개(중개) 모델은 대중에게 과학적 지식과 정보를 전달하는 데 집중하는 교육적이고 계몽적인 성격이 강한 데 비해, 이해 모델은 공중의 참여, 시민 과학자, 전문가와 시민의 대화 등 전문가와 공중의 상호 작용적 소통을 통한 이해를 지향한다.

매개 모델은 1960년대 대중의 과학적 지식 수준을 높이는 것이 중요하다는 인식하에 과학 대중화를 목표로 시작되었다. 이에 과학 지식의 격차 또는 결핍을 줄이거나 지식 정보를 매스미디어를 통해 대중에게 일방적으로 전달하는 데 집중하였다(결핍 모델, 사이언스 리터러시, 사이언스 매스 커뮤니케이션 모델). 여기서 대중은 수동적, 동질적 존재로 인식되는데, 이러한 한계를 극복하려는 모델이 1970년대 시작된 맥락 모델context model이다. 맥락 모델은 대중이 다양한 정보를 추구하는 이질적인 존재임을 고려하여 과학 지식을 중개해야 한다고 본다. 이어서 등장한 '대중의 과학 이해Public Understanding of Science'는 그동안 시행되었던 사이언스 커뮤니케이션 목표인 '과학 대중화' 패러다임의 끝이자, 새로운 패러다임인 '과학 이해'로 인식을 전환하는 계기가 되었다. 앞서 언급했듯이 '대중의 과학 이해' 실행은 1985년 영국 왕립협회가 발간한 보고서를 계기로 한다. 이는 과학 및 학술 연구에 대한 대중화를 넘어 대중의 과학 이해를 제고하는 것의 필요성을 제시하였으며, 문제는 사이언스에 대한 지식의 결핍이 아니라 그에 대한 긍정적 태도의 결핍이라는 인식을 바탕으로 한다. 사이언스에 대한 지식을 일방적으로 주입하기보다는, 그에 대한 긍정적 견해 및 태도를 형성하도록 이해understanding를 목표로 한 정책이 이루어져야 한다고 본 것이다(Bonfadelli, Faehnrich, Luethje, Milde, Rhomberg & Schaefer, 2017). 이를 위해선 대학 및 연구 기관, 미디어, 정치경제, 교육 기관의 상호 협업이 요구되었다.

이해 모델은 이전까지 지배하던 결핍 모델을 벗어났다는 점이 특징이다. 또한 공중을 단순히 과학 이해의 대상이 아닌 커뮤니케이션 주체로 보고, 그들이 직접 참여하는 다양한 소통 양식을 제시한다. 구체적으로 연구자가 직접 시민과 소통하는 전문가-시민 모델, 과학 연구 및 의사 결정에 공중이 참여하는 모델, 사회 속에서 실행하는 시민 과학 등이 이에 해당한다. 이들은 과학과 사회가 상호 작용하며, 성찰적인 소통의 성격을 지닌다는 공통점을 갖는다. 이를 통해 사이언스에 대한 공중의 관심, 긍정적 태도, 신념, 신뢰 등의 형성을 추구한다(Metag, 2017).

표 3-1. 사이언스 커뮤니케이션의 두 모델 (Raupp, 2017)

매개 모델	이해 모델
- 결핍 모델 (1960년대~) - 사이언스 리터러시 (1960년대~) - 사이언스 매스 커뮤니케이션 (1960년대~) - 맥락 모델 (1970년대~) - 공중의 과학 이해 (1985년~)	- 전문가-시민 모델 (1990년대~) - 공중 (과학) 참여 모델 (1990년대~) - 사회 속 과학 모델 (1990년대~) - 상호 작용 모델 (2000년대~)

매개 포맷과 대화 포맷

한편, 이와 유사하게 웨퍼Wefer는 사이언스 커뮤니케이션을 매개 포맷과 대화 포맷으로 구분하였다. 우선 매개 포맷은 매스미디어를 통해 지식을 매개하고 정보를 전달하는 데 치중했던 초기의 사이언스 커뮤니케이션 양식에 해당한다. 앞서 제시한 결핍 모델과 유사한 관점으로, 시민들의 과학 지식에 대한 이해가 부족하다는 인식에서 정보를 일방적으로 전달하는 데 치중하거나, 새로운 연구 성과 혹은 지식의 경이로움을 대중에게 전달하는 역할을 수행한다. 따라서 시민들에게 연구 성과를 이해할 수 있도록 전달하고 제시하는 데 그쳐, 상호 의견을 교류하는 패러다임에는 부합하지 못한다. 즉 연구 성과에 대한 발표만으로는 관심 있는 공중을 충족시키기에는 미흡하며, 이에 궁극적으로는 대화 포맷으로의 전환을 맞이하게 된다.

대화 포맷은 다양한 대화 플랫폼을 통해서 시민이 직접 연구자들을 만나 연구 결과나 효과를 주제로 토론하는 등 상호 소통한다. 따라서 일반 시민뿐 아니라 어린이, 학생, 청소년 등 대상 집단에 따라 다채로운 소통 양식이 적용된다. 이들은 단지 수용자 입장에 머무는 것이 아니라 연구 과제 및 목적에 함께 참여하는 것으로서, 열린 자세로 대화에 동참한다. 따라서 시민은 연구 결과만이 아니라 연구 과정에 대한 충분한 지식을 갖추어야 한다. 동시에 연구자 집단인 학계 역시 열린 자세로 대화에 임할 준비가 되어 있어야 한다.

예를 들면, '시민 회의' 또는 '합의 회의' 같은 포맷을 통해 연구 주제에 관심 있는 시민들과 열린 대화를 하는 것이다. 독일의 경우 Wissenschaft im Dialog사이언스 대화(WiD)라는 협의체를 통해 사이언스 대화를 주도하고 있다. 이는 연구 성과를 전달하거나 매개하고 홍보하는 활동을 넘어서 시민과 상호 교류하는 연구자의 활동이 사회 차원에서 학문의 위상을 높이는 데 기여한다는 점을 확인시켜 주었다(Wefer, 2012).

이러한 대화 포맷이 실현되기 위해서는 몇 가지 전제 조건이 충족되어야 한다. 첫째, 시민들은 연구 주제가 내포한 사회적, 윤리적 측면의 문제에 의견을 제시할 수 있어야 한다. 둘째, 시민들은 연구의 효과 또는 위험성, 연구 성과의 적용 가능성 등에 대해 평가할 능력이 있어야 한다. 따라서 연구 과정에 대한 심층적 지식이 필요하며, 연구 결과가 어떻게 산출되는지도 알아야 한다. 이는 연구 과정에 실제 참여하지 않으면 파악하기 어려운 문제이기 때문에, 진정한 대화 포맷이 성공적으로 이루어지기는 쉽지 않다고 할 수 있다.

정리하면, 우선 뛰어난 연구 성과를 공중에게 전달하는 사이언스 커뮤니케이션의 역할은 여전히 중요하다. 이는 매스미디어를 통한 정보 매개 모델이 일정 부분 필요하다는 것을 뜻한다. 동시에 연구의 진행 과정이나 성과에 관련한 대화는 필수적이며, 이는 수준 높은 대화 문화가 정착되는 데 기여한다. 나아가 궁극적으로 과학 기술 사회에서 연구 방향을 설정하고 기술을 수용하는 데 있어 대화 포맷은 핵심적 역할을 한다.

◎ 사이언스 또는 커뮤니케이션 패러다임

이상에서 살펴본 바와 같이 사이언스 커뮤니케이션에 대한 다양한 모델이 존재한다. 지향하는 목적에 따라 매개 또는 이해를 기준으로 나누어지기도 하고, 대중화 또는 민주화로 상징화하여 구분할 수도 있다. 이들을 포함하여 사이언스 커뮤니케이션 패러다임에 대한 평가는 사이언스를 중심으로 하는 모델과 커뮤니케이션을 중심으로 하는 모델로 정리할 수 있다.

첫째는 사이언스 중심 패러다임이다. 이는 사이언스, 즉 학문 또는 과학 기술을 중심 개념으로 한 과학주의적 패러다임이다. 기본적으로 객관적이고 합리적인 과학 기술 지식을 기반으로 한 인식론에 토대를 둔다. 과학 기술의 복잡성과 전문성 그리고 위험성으로 인해 커뮤니케이션 주체는 전문가 집단 및 정부 관료 등이 주도하며, 그 외 대중이나 이해관계자는 객체로 대상화된다. 객관적이고 가치 중립적인 과학적 지식을 지니지 못한 일반 대중은 비합리적이자 가치 편향적이며 과학적 소양이 결여된 것으로 인식된다. 따라서 관련된 지식이나 정보를 공중에게 전달하는 대중화 현상, 정보를 매개하는 역할이 사이언스 커뮤니케이션 활동에 속한다. 커뮤니케이션 흐름은 늘 일방향적으로 이루어진다. 이는 수직적 소통을 이루는데, 물이 늘 높은 곳에서 낮은 곳으로 흐르는 이치와 같다. 주로 전문가주의가 제도화된 공공 정책의 특징인 "결정하고Decide 선언하고Announce 방어한다Defend"(이영희, 2011)와 같은 소통 현상이 커뮤니케이션을 지배한다.

둘째는 커뮤니케이션 중심 패러다임이다. 여기서 중심축은 사이언스가 아니라 커뮤니케이션 개념이다. 따라서 이 패러다임의 핵심은 소통이고, 소통의 주체는 전통적인 전문가 집단뿐 아니라 다양한 이해관계자 및 일반 대중을 포함하는 공동체의 전 구성원이다. 지식이나 정보를 전달 또는 매개하기보다는 서로 함께 대화하고 동의하며, 참여하고 결정하는 소통 관계가 핵심이 된다. 이 관점은 학문이나 과학 기술도 사회 문화와 관련하면서 지식이 형성되고 발전한다는 인식론과 같은 맥락에 있다. 다시 말해서 사회적 구성주의 관점에서 학문 및 과학 기술을 이해하는 것이다. 이에 따르면 전문가 집단과 이해 집단, 일반 시민은 과학 기술의 산물로 인한 위험에 대한 인식이 서로 다를 수 있으며, 이것이 상호 관계 형성에 중요하게 작용한다. 따라서 과학적 지식 자체보다는 참여자들의 상호 소통과 이를 통한 상호 신뢰가 더 중요하다.

커뮤니케이션 중심의 소통 패러다임은 특히 불확실성이 매우 높은 탈 정상과학에서 중요하게 작용할 수 있다. 이 단계에서는 전문가 집단도 확실한 문제 해결책을 제시할 수 없으며, 이른바 '확장된 동료 공동체extended peer community'를 통해 해결 방안을 모색해야 하기 때문이다. 전문가만이 아니라 이해관계자, 일반 대중까지 포함하는 확장된 동료 공동체는 이슈에 관한 사실facts 범주를 전문가 의견뿐 아니라 이해 당사자와 일반 시민의 의견에까지 확장하고, 민주적인 의사 소통 과정을 통해 결정을 내리게 된다.

4장

사이언스 커뮤니케이션학의
기본 이론

사이언스 커뮤니케이션은 사이언스를 둘러싸고 일어나는 모든 커뮤니케이션 현상을 뜻한다. 여기에는 이론적 측면과 동시에 실행 활동의 측면이 모두 포함된다. 따라서 사이언스 커뮤니케이션은 고정된 현상이라기보다는 역동적인 과정의 성격을 내포한다. 이러한 사이언스 커뮤니케이션에 관한 지식과 다양한 현상을 체계적으로 연구하는 학문 분야를 '사이언스 커뮤니케이션학science of sciencecommunication'이라고 할 수 있다. 이 장에서는 새로운 학문으로서 사이언스 커뮤니케이션학에 대한 기본적 이해를 제공하려고 한다.

◎ 사이언스 커뮤니케이션의 정의

사이언스 커뮤니케이션에 대한 정의는 관점에 따라 다양하게 제시할 수 있다. 그럼에도 그것이 학술 연구를 통한 지식 생산 또는 학술 활동과 관련한 모든 커뮤니케이션 현상을 포함한다는 점에서는 공통적이다. 즉 사이언스 커뮤니케이션은 사이언스를 둘러싼 다양한 커뮤니케이션 현상을 아우르는 포괄적인 의미를 지닌다. 그동안 학문 또는 사이언스는 전문 연구자 집단 내의 소통을 중심으로 이루어져 왔는데, 사이언스 커뮤니케이션은 이를 넘어 환경과 소통하는 현상이라는 특성이 있다. 즉 그것은 학문과 다양한 공중 집단 또는 전문가와 시민 사이에서 이루어지는 다원적인 커뮤니케이션 현상을 포함한다(Weitze & Heckl, 2016). 대표적인 커뮤니케이션 대상자로는 전문 집단의 동료 연구자, 타 분야 연구자, 관심 있는 시민, 정치인, 기업인 등을 꼽을 수 있다. 따라서 사이언스 커뮤니케이션은 사이언스 공동체 내부 집단의 구성원 또는 외부 집단과의 상호 소통을 모두 포괄한다.

한편 사이언스에 대한 개념에 따라 사이언스 커뮤니케이션 범위를 구분할 수도 있다. 좁은 의미에서 사이언스 커뮤니케이션은 과학 기술의 생산-유통-수용 과정의 커뮤니케이션 현상에 관한 연구를 의미하기도 한다. 이들은 학문 영역 중에서도 자연 과학, 그중에서도 사회적 중요성과 영향력이 매우 큰 첨단 과학 기술 관련 분야에 집중되어 있다. 이들 연구 주제가 지닌 의미나 영향력은 단지 전문 집단에 한정된 것이 아니라 정치 경제 사회 문화 등 전 사회적 차원에 걸쳐 있기 때문이다.

하지만 인문·사회 과학 역시 사이언스 커뮤니케이션에서 중요한 대상이 된다. 이들 학문 분야는 자연 과학처럼 직접적인 연구 대상이라기보다는 성찰 또는 숙의를 위한 학문으로서 사이언스 커뮤니케이션에 이론적 기반을 제시하는 역할을 한다(Weitze & Heckl, 2016). 좀 더 구체적으로 말하면 인문학 또는 사회 과학은 과학 기술연구 주제에 관한 사회적 논의 및 담론에서 구심적 역할을 한다.

커뮤니케이션을 수행하는 주체에 따라 사이언스 커뮤니케이션은 다의적인 의미를 내포할 수 있다. 이를테면 연구 기관은 자신의 연구주제나 연구 결과를 널리 알리고 조직의 정당성을 유지하거나 구축하기 위해 전략적으로 커뮤니케이션을 할 수 있다. 사이언스 홍보 차원의 이러한 커뮤니케이션은 무엇보다 커뮤니케이터의 특정 이익을위한 활동에 속한다. 또 사이언스 저널리즘은 과학자 또는 과학적 성과에 관한 뉴스를 상품화하여 전달함으로써 대중적 관심을 극대화하는 전략을 구사하기도 한다. 하지만 사이언스 커뮤니케이션은 이런 이해관계적 차원을 넘어 보편적, 규범적 관점에서 이루어지는 커뮤니케이션 현상을 의미한다고 할 수 있다.

사이언스 커뮤니케이션의 이러한 점들을 기준으로 페니히Pfenning는 새로운 학문으로서의 사이언스 커뮤니케이션학을 다음과 같이규정하였다(Pfenning, 2012: 341). "사이언스 커뮤니케이션은 학문의 사회적 매개에 관련된 주제, 양식 및 내용에 대해서 과학적인 분석을 하는 새로운 학문 분야이다." 특히 현대 사회에서 자연 과학 및 기술 그리고 정보에 관한 학문은 사이언스 커뮤니케이션의 핵심 연구 대상에 속한다. 이들은 초래할 수 있는 위험성이 매우 크고 영향력이 막대하여 사회적 수용 여부에 대한 논의가 중요하기 때문이다. 그리고 커뮤니케이션학, 사회학 등 사회 과학은 사이언스 커뮤니케이션에서 이런 문제와 관련한 논의를 주도하는 선도적 역할을 수행한다. 이를테면 전통적인 커뮤니케이션학 관점에서 소통 주체, 소통 과정, 소통 구조, 소통 효과에 관한 현상을 연구하거나, 사이언스 저널리즘을 통한 매개적 커뮤니케이션 현상을 연구한다. 따라서 사이언스 커뮤니케이션은 다양한 학문 분야가 참여하는 학제 간 연구에 해당한다(Pfenning, 2012).

한편 과정적 현상으로 커뮤니케이션을 정의할 경우, 사이언스 커뮤니케이션은 다양한 과정의 연속적 현상으로 규정할 수도 있다. 대표적으로 김학수는 인지 심리적 행위가 연속적으로 전개되는 과정에 초점을 두고 이를 제시한 바 있다(김학수, 2007). 즉 노출-주목-인지-행동이 공동으로 이루어지는 과정을 사이언스 커뮤니케이션이라고 한다. 구체적으로 말하면 학술 정보 및 지식에 대한 공중의 공동 노출co-exposing, 공동 주목co-focusing attention, 공동 인지co-cognizing, 공동 행동co-moving이 이루어지는 현상이다. 이를테면 과학 기술 정책에 대한 대중의 공동 노출, 특정한 정책적 쟁점이나 의제에 대한 대중적 공동 주목, 정책적 사안 이슈에 대해 공동으로 숙의 및 해결 방안을 추구하는 공동 인지, 도출된 해결 방안이나 합의를 함께 실행하는 공동 행동이 있다. 다만 이러한 논의는 사이언스 커뮤니케이션 차원보다 좁은 영역인 과학 기술을 중심으로 한 '과학 커뮤니케이션' 연구 차원에서 제시되었다.

◎ 사이언스 커뮤니케이션의 중요성

과학 기술의 양면성: 가능성과 위험성

그러면 왜 사이언스 커뮤니케이션이 필요한가? 우선 생각해볼 것은 현대 사회가 고도의 지식 정보 사회라는 점이다. 특히 과학 및 기술이 지배하는 사회라는 점에 대해선 누구도 이론을 제기하지 않을 것이다. 하지만 과학 기술은 긍정적, 부정적 두 가지 양면성을 지니고 있다. 과학 기술 사회의 긍정적 효과는 인간의 삶과 국가 나아가 인류 문화 발전에 기여한다. 하지만 동시에 그 산물의 결과는 위험과 재난을 동반할 가능성이 매우 크다. 이를테면 체르노빌과 후쿠시마 원전 사고는 과학 기술에 대한 시민들의 신뢰성 추락은 물론, 궁극적으로는 학문과 과학 기술에 대한 부정적인 인식을 낳았다. 이런 문제와 관련한 정치적 합의는 이루기도 어렵고, 또 그런 합의로 문제가 해소되는 것도 아니다.

전문가와 일반 대중의 괴리

나아가 과학 기술의 위험에 대해 전문가와 일반 대중의 인식 차이가 매우 크다. 먼저 전문가들은 객관적 지식을 기반으로 위험을 평가한다. 사고 발생 건수, 사망자 수 등 객관적 수치를 중심으로 하거나 과학적 연구 결과를 토대로 위험 발생 가능성을 평가하곤 한다. 요컨대 전문가들은 양적 연구 결과에 대한 이성적 판단을 기반으로 위험을 바라본다. 이에 반해 대중은 위험에 대한 주관적 인지를 중시한다. 광우병 사건, 체르노빌 및 후쿠시마 원전 사고 등 직간접적으로 경험한 사건은 주관적 위험 인지에 크게 작용한다. 사건 발생 시 개인적 차원의 위험 정도, 사회적 차원의 피해 및 미래 세대에의 영향 등을 수용하는 데 있어서 이성적 차원을 넘어 감성적 판단이 크게 작용하는 것이다(국가교육과학기술자문회의, 2010). 이러한 전문가와 일반 대중의 인식 차이를 극복하지 못하면, 사회적 갈등은 증폭되고 과학 기술 정책은 위기를 맞이할 수 있다. 따라서 전문가와 대중의 간극을 해소하는 과제는 사이언스 커뮤니케이션의 주요 목표에 속한다.

전문가 딜레마 Expert's Dilemma

특정 과학 기술의 위험이 이슈가 제기될 때 전문가들은 두 가지 상반되는 관점을 동시에 제시하는 '전문가 딜레마'를 보인다. 보통 사회적 이슈가 등장할 때마다 전문가의 견해는 중립적 입장에서 매우 중요한 역할을 한다. 하지만 전문가 집단의 견해는 상반되게 갈라지는 경우가 다반사이다. 이를테면 기후 변화 등에 대한 견해에서 과학 기술 전문가들은 한편에서는 가능성을, 다른 한편에서는 위험성이라는 상반되는 관점을 제시한다. 2008년 광우병 사태 당시 전문가들은 광우병 발생 건수가 점점 줄어들어 곧 소멸할 것이라고 보는 관점, 광우병은 10~50년의 잠복기가 있어 언제든지 다시 발생할 가능성이 있다는 관점으로 나누어지기도 했다(박희제, 2009). 일반적으로 대중은 과학적 지식을 기반으로 한 '진리'는 오직 하나일 뿐 다를 수가 없다고 생각한다. 그럼에도 똑같은 현상에 대해 전문가들은 서로 다른 결과 또는 이견을 제시하곤 한다. 이는 바라보는 대중의 불안이 확대되는 요인이 되기도 한다. 궁극적으로는 과학 기술이 사회 발전을 위하는 것이 아니라 오히려 사회를 위험에 빠뜨린다는 인식을 갖게 할 수도 있다.

사이언스 민주화

중세 이후 근대 과학 기술 문명이 시작되고 19세기 말부터 급속도로 발전하면서, 이는 사회적으로 커다란 영향을 미쳤다. 무엇보다 자연의 본질과 지배 원리에 대한 지식 체계가 정립됨으로써, 합리적이고 이성적인 사상이 사회를 지배하게 되었다. 근대 과학의 대중화에 따라 전근대적인, 비합리적이고 비이성적인 정치 문화 및 사상은 종말을 고하고 사회적 민주화가 나타나게 되었다(이덕환, 2011). 과학적 지식에 기반한 민주 사회는 과학의 대중화라는 일방적 소통을 넘어 과학의 민주화를 실현하려는 진정한 사이언스 커뮤니케이션을 구현해야 한다.

과학 기술을 둘러싼 또 다른 문제는 학문 또는 과학의 민주화에 대한 사회적 요구가 커지고 있다는 점이다. 사회적 민주화에 따른 중요한 사회적 문제에 대한 전 국민의 관심과 참여 및 정책 결정은 자연스러운 시대적 요청이다. 특히 과학 기술을 비롯한 학문은 상아탑 속 전문가들만의 고유 영역으로 인식되다가 사회 운동 및 시민들의 관심 영역으로 전환되었다. 코로나19, 기후 변화, 환경 문제, 원자력 에너지 갈등 등 오늘날 인류가 직면한 위기로 인해 과학 기술이 전 사회적 이슈로 대두된 것이 크게 작용하였다. 이들은 '과학은 더 이상 과학자의 전유물이 아니다'라는 관점에서 과학이 우리에게 무엇이고, 왜 필요한 것이며, 우리의 삶이 과학 기술에 의해 어떻게 변화되었는지, 나아가 미래를 위해 우리는 어떤 결정을 내려야 하는지 등을 이해하려 하며, 정책 결정에 관여하고자 한다(이덕환, 2011).

이상과 같은 문제점들을 고려할 때, 무엇보다 전문가와 공중을 아우르는 전 사회 구성원의 사이언스, 특히 과학 기술에 대한 상호 이해가 시급하다고 할 수 있다. 사이언스 커뮤니케이션은 이를 해소하기 위한 긴요하고 효율적 방법이라 할 수 있다. 사이언스 커뮤니케이션이 본격적으로 등장하기 전, 이러한 문제를 다룬 분야는 위험 사회론을 중심으로 전개된 '위험 커뮤니케이션' 담론이다. 위험 커뮤니케이션은 위험을 둘러싼 이해 당사자들의 인식 차이를 해소하고, 나아가 위험 가능성을 방지, 차단하도록 하는 이론적이자 실천적 활동을 지향하는 사회 과학적 연구 성과에 기반한다. 따라서 위험 커뮤니케이션은 사이언스 커뮤니케이션의 일부에 속한다고 할 수 있다.

◎ 사이언스 커뮤니케이션의 목적과 기능

복잡한 이해관계로 인해 사이언스 커뮤니케이션이 추구하는 목적을 하나로 규정하는 것은 쉽지 않다. 대표적으로 대중이 과학에 대해 어떻게 생각하는지에 대한 과학자의 인식을 보면, "과학은 너무 어렵고, 기술은 너무 위험하며, 과학자들은 너무 오만하다"라는 의견을 제시한다(이덕환, 2011). 이를 기준으로 판단할 경우, 과학을 좀 더 쉽게 전달하고 기술의 위험성에 대한 인식을 낮추며, 친절하고 낮은 자세로 대중에게 다가가는 것이 사이언스 커뮤니케이션의 과제에 해당한다. 한편 일반 시민의 관점에서는 상아탑 속 학계의 과학 지식에 대한 독점화를 끝내고 학문 및 과학의 민주화를 열어야 한다는 견해도 많다. 이는 정치·사회적 민주화에 따라, 학문과 지식 또는 과학 기술을 일부 전문가가 독점하는 현상에 대해 일반 시민들의 권리를 보장하는 차원에서 사이언스 커뮤니케이션의 역할을 기대하는 것이다. 다양한 이해관계가 서로 대립하는 상황이지만, 사이언스 커뮤니케이션의 필요성이 더 커지고 있다는 점은 모두가 공감하고 있다.

한편 사이언스 커뮤니케이션이 수행하는 역할은 다음과 같이 다섯 가지로 정리할 수 있다(Pfenning, 2012). 첫째, 학문 및 연구에 관해 시민들에게 정보를 제공하는 것이다. 둘째, 최근 연구 현황에 관한 정보 및 지식을 매개하는 역할이다. 셋째, 재능 있는 후속 연구자들에게 연구 동기를 부여하는 역할이다. 넷째, 학문과 연구를 위한 자원을 투입하는 데 대한 사회적 정당성을 확보하는 것이다. 다섯째,

연구 주제에 관심이 있는 시민들에게 참여의 장을 마련해 주는 것이다. 이를 통해서 사이언스 커뮤니케이션은 현대 사회의 시민이 갖추어야 할 학문 및 과학 지식과 정보를 제공하고 참여 권리를 실현하는 데 기여할 수 있다. 동시에 연구 기관은 연구에 필요한 자원을 보장하고 후속 세대를 발굴함으로써 지속적인 연구를 수행토록 할 수 있다.

이런 차원에서 사이언스 커뮤니케이션은 다양한 활동을 수행한다. 이를테면 일반 시민들에게 학문에 대한 이해를 제공하는가 하면, 학문 연구 기관의 연구 성과를 홍보하기도 한다. 또한 토론을 통해 특정 기술을 수용하는 데 대한 대중의 동의를 구하거나, 과학 기술 문화를 전파하고 산업 기술 기반의 복지가 실현되는 데 기여하기도 한다. 이러한 활동은 모두 과학 기술에 대한 대중 참여의 중요성을 반영한다. 따라서 사이언스 커뮤니케이션의 일환으로 이른바 '과학의 대중 참여Public Engagement with Science(PES)' 운동이 전개되기도 하였다.

사이언스 커뮤니케이션이 어떠한 차원에서 어떤 활동으로 전개되든 변하지 않는 것이 있다. 그것은 기본적으로 학문의 소통 현상을 분석하고 개선 방안을 모색하는 한편, 독점 구조를 개선하여 이해 증진에 기여함으로써 궁극적으로 학문의 민주화에 기여한다는 점이다. 이와 관련하여 사이언스 커뮤니케이션은 무엇보다 학문의 기본 지식에 대한 보편적 이해를 통해 과학 기술의 가능성과 위험성을 합리적으로 판단하는 사회적 능력을 제고하는 행위와 다름없다는 점이 강조된다.

◎ 사이언스 커뮤니케이션의 체계

사이언스 커뮤니케이션은 다양한 이해관계자들이 소통하는 일정한 체계를 이루면서 전개된다. 하지만 근대 과학이 발달하기 시작한 초기에는 과학자와 대중 사이의 가장 단순한 소통 모델이 지배적이었다. 이는 전문적인 지식과 기술을 생산한 전문가에서 대중으로의 일방적인 정보 흐름이 특징이다. 또 송신자와 수신자 사이의 이해관계는 존재하지 않았다. 일부 계층의 호기심을 충족시키기 위해 학자와 연구자들이 책을 출판하거나 연구 결과를 발표하곤 하는 것이 전부였다. 당시 소통의 중심은 전문가 세계의 구성원 사이로 제한되어 있었다. 오늘날 관점으로 풀이하면 학계 또는 연구 집단 내부 차원에서 학술지를 통해 이루어지는 전문적 소통이라고 할 수 있다. 사이언스는 존재하지만, 커뮤니케이션은 부재한 시대였다.

상황이 변하여 사이언스 커뮤니케이션의 중요성이 본격적으로 대두된 데는 몇 가지 배경이 있다. 우선 과학 기술의 급속한 발전이다. 이는 지식 정보의 양이 폭발적으로 증가하였다는 것을 의미한다. 지식 정보는 그 자체로서의 의미보다는 사회 구성원과의 소통을 통해 의미가 확장된다. 둘째, 매스미디어 기술의 발전이다. 매스미디어는 정보와 지식의 대중적 매개체이다. 매스미디어는 대중 사회에 뿌리내리고 있으며, 의도적으로 그렇게 한 것이 아님에도 하나의 제도로서 자리 잡았다. 그만큼 그것은 사회적으로 중요한 기능을 한다. 구체적으로 어떤 기능인가? 매스미디어 개념 자체가 내포하고 있듯이 대중화 기능이라고 할 수 있다. 대중 사회는 모든 것을 대중화한다. 특히 소수 집단의 독점 또는 전유물이었던 것들을 대중에게 안겨 준다. 이를테면 베를린 필하모니에서 연주되는 베토벤의 교향곡 〈운명〉이 텔레비전을 통해 전 세계인에게 중계된다. 연주 공간인 필하모니에 모인 수천 명을 대상으로 하던 소통이 수십억 대중으로 확장된 것이다.

학문과 과학 기술 역시 소수 집단의 전유물이라는 점은 같다. 따라서 대중 사회에서는 이 역시 대중화의 요구가 거세진다. 다만 대중적 요구에 부응할 만한 기술적 가능성이 뒷받침되어야 한다. 그렇지 않으면 대중적 소통은 크게 제약받을 수밖에 없다. 예를 들어 매스미디어를 통한 쌍방적 소통은 디지털 기술이 상용화되기 전까지는 이루어지지 않았다. 나아가 수용자의 관심 또는 욕구도 있어야 한다. 그렇지 않으면 기술적 가능성이 뒷받침되어도 지속적인 커뮤니케이션이 이뤄질 수 없다.

오늘날 사이언스 커뮤니케이션이 보편화되는 현상은 이러한 배경에서 탄생한 것이다. 어쩌면 그동안 부분적이고 단편적으로 이루어지던 현상들이 함께 모여 하나의 체계적인 분야로 정립되었다고 할 수 있다.

도그루엘Dogruel과 벡Beck은 사이언스 커뮤니케이션 현상의 체계화를 시도하였다(Dogruel & Beck, 2017). 이들은 우선 사이언스 커뮤니케이션을 내부적 차원과 외부적 차원으로 구분한다. 내부적 차원의 사이언스 커뮤니케이션은 학계 또는 연구자 집단에서 이루어지는 전문가 커뮤니케이션을 뜻한다. 이는 다시 공식적 차원과 비공식적 차원으로 나누어지는데, 공식적 커뮤니케이션은 연구 아이디어 발굴부터 연구 결과를 발표하는 전 과정에서 이루어지는 소통 현상을 의미하고, 비공식적 커뮤니케이션은 연구 공동체 구성원 사이에서 이루어지는 연구와 관련한 일상적 소통 현상을 아우른다. 연구자 집단의 비공식적 소통은 오래전부터 존재해 왔다. 다만 디지털 미디어를 이용한 소통 등 다양한 매개 방식으로 변하면서 비공식적 소통의 중요성이 새롭게 조명되고 있다.

한편 외부적 차원에서 이루어지는 사이언스 커뮤니케이션은 제삼자에 의한 매개 양식과 자아 매개 양식으로 구분된다. 제삼자에 의한 매개적 양식으로 이루어지는 커뮤니케이션의 대표적인 사례는 사이언스 저널리즘이다. 사이언스 저널리즘은 학술 연구에 대한 정보를 외부 세계에 전달하는 공식적인 수단으로 오랫동안 기능해 왔다. 이에 비해 연구자 또는 연구 기관이 직접 수행하는 자아 매개적 커뮤니케이션은 최근 새로 등장한 소통 양식에 속한다. 여기에는 두 가지 유형이 있다. 하나는 이해관계가 없이 순수한 차원에서 연구 활동에 관한 정보를 외부 집단에 전달하는 소통 유형이고, 다른 하나는 특정한 이해관계를 지향하는 사이언스-PR이다. 사이언스-PR은 최근 빠르게 확산되는 새로운 사이언스 커뮤니케이션 양식으로 특히 주목받고 있다. 연구 기관에서 제도적 차원으로 수행하는 홍보는 물론, 연구에 관한 연구자 개인의 홍보 활동도 증가하고 있다(그림 4-1 참조).

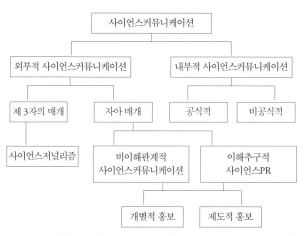

그림 4-1. 사이언스 커뮤니케이션 체계 (Dogruel & Beck, 2017: 142)

사이언스 커뮤니케이션의 핵심은 외부적 집단과의 다양한 소통 현상에 있다. 외부적 소통은 다시 제삼자의 매개를 통한 커뮤니케이션과 연구자 자체에 의한 소통으로 구분할 수 있다. 매스미디어를 통한 학술 정보의 보도는 전통적인 사이언스 커뮤니케이션 현상의 하나다. 어쩌면 매스미디어는 오랫동안 학문 또는 과학 대중화를 위한 유일한 통로였다고 할 수 있다. 따라서 당시에는 사이언스 커뮤니케이션 의미보다는 이를 과학 저널리즘 또는 사이언스 저널리즘으로 인식했다. 외부적 사이언스 커뮤니케이션에서 사이언스 저널리즘 외에 새롭게 부각되는 사이언스 홍보는 학술 연구자 또는 연구 집단이 직접적으로 외부 대중과 커뮤니케이션 활동을 하는 것이다. 이런 현상의 새로운 등장은 무엇보다 디지털 기술을 배경으로 대중과의 소통 채널이 다양화되었기 때문이다. 특히 소셜 미디어는 전통적인 매스미디어를 거치지 않고 송신자의 메시지를 불특정 다수에게 정확하고 빠르게 전달하는 것이 가능하다. 나아가 대학 연구 기관 등은 시장 경쟁 논리가 지배하는 환경에 놓이게 되어 연구 및 생존 기반을 스스로 정립해야 하는 상황이다. 또한 연구 결과나 연구 성과를 대중에게 전달하여 이해시키는 것이 매우 중요한 시대가 되었다. 사회 구성원의 동의와 지지를 받지 못하면 학술 연구 및 과학 기술 개발이 큰 위기에 처할 것이기 때문이다.

따라서 사이언스 커뮤니케이션은, 과거 철학이 모든 분과 학문을 아우르는 영역이었듯이 전 학문 분야에 걸쳐 나타나는 소통 현상을 포괄하는 것에 다름 아니다. 특정 대상에 한정되는 것이 아니라 사이언스와 관련된 모든 대상 사이에서 벌어지는 소통 관계를 체계적으로 해명하고 정립하는 것이 사이언스 커뮤니케이션의 과제이다.

◎ 사이언스 커뮤니케이션의 연구 영역

사이언스 커뮤니케이션은 다양한 주체 또는 이해관계자 사이에서 이루어지는 소통 현상이라고 할 수 있다. 학자 또는 연구자, 과학자, 대학 또는 연구 기관, 사이언스 저널리스트, 홍보 담당자, 정책 결정자, 기업, 시민 사회, 일반 대중 등 다양한 집단 사이에서 일어나는 소통이 여기에 해당한다. 사이언스 커뮤니케이션 현상이 등장하기 이전의 소통 구조는 연구 기관과 미디어 두 축을 중심으로 하는 것이

기본이었다. 즉 연구 기관에서 연구에 관한 정보를 매스미디어에 제공하면, 매스미디어가 이를 가공 편집하여 정책 결정자, 이해관계 집단 등에 전달하는 시스템이었다. 연구 기관과 다른 이해관계자 사이의 소통 또는 이해관계자 사이의 관계는 미약한 상태에 그쳤다. 따라서 매스미디어가 중요한 역할을 수행하였고, 소통은 일방향적인 흐름에 그쳤다.

사이언스 커뮤니케이션의 세 축

이와는 달리 사이언스 커뮤니케이션은 학자 또는 연구자, 저널리스트, 홍보 담당자 세 축을 중심으로 이루어지는 구조라고 할 수 있다. 이들 세 전문 집단은 각각 고유한 역할을 한다. 우선 연구자들은 특정 대상을 연구하고, 연구 관련 정보 및 지식을 교육하는가 하면, 연구 성과를 출판하는 것이 일상적 활동에 해당된다. 이에 비해 사이언스 저널리스트는 연구자와 연구 성과에 대한 정보를 취재하는 기능, 또 정보원으로부터 받은 내용들을 가공하고 편집하는 기능, 그리고 이를 수용자들에게 널리 전달하는 보도 기능을 담당한다. 연구 기관의 홍보 담당자는 연구와 관련된 정보를 외부 이해관계자에게 제공하고, 상호 유기적인 협력 관계를 유지하는 역할을 담당한다. 또한 연구 성과 및 연구 기관을 위한 효과적인 홍보 방안을 모색하는 기획자 역할도 수행한다.

연구자, 저널리스트, 홍보 담당자의 역할은 이렇게 서로 다르지만, 몇 가지 중요한 공통점이 있다. 첫째, 이들은 모두 연구 정보를 표현하고 제시하는 역할을 한다. 연구자의 경우 연구 과정 및 성과를 논문이나 책으로 출판하고, 저널리스트는 연구 관련 내용을 기사화하거나 프로그램으로 제작하여 수용자들이 이해할 수 있도록 정보를 제공한다. 홍보 담당자는 연구자 및 연구 기관을 대표하여 연구 활동에 관한 다양한 정보를 외부에 제공한다.

둘째, 정보를 누군가에게 매개하는 역할도 공통적이다. 연구자는 저널리스트에게, 저널리스트는 수용자에게 연구 정보나 지식을 매개한다. 홍보 담당자 역시 저널리스트 또는 정책 결정자, 기업, 공중 등 관심 있는 집단에 정보를 매개한다.

셋째, 이들 모두 정보를 설명하는 역할을 한다는 점도 공통적이다. 연구자는 연구 결과 등의 전문 지식을 비전문가인 저널리스트가 이해할 수 있게 풀어서 설명하고, 저널리스트는 이를 다시 일반 대중이 이해할 수 있도록 설명한다. 홍보 담당자 역시 저널리스트나 다른 관심 있는 이해관계자에게 보도 자료 등을 통해 설명하는 역할을 한다.

사이언스 커뮤니케이션의 소통 구조

다양한 이해관계자 사이에서 이루어지는 사이언스 커뮤니케이션의 소통 구조는 크게 네 가지 범주로 나뉜다. 학자 또는 연구자(A), 사이언스 저널리스트(B), 홍보 담당자(C), 그리고 정책 결정자, 공중, 기업 등 기타 주체 집단(D)이다. 이들 네 집단 사이에는 상호 이해관계에 따라 긴밀한 소통이 이루어진다(그림 4-2 참조).

먼저 A-B 관계, 즉 연구자와 저널리스트는 상호 윈-윈 관계를 형

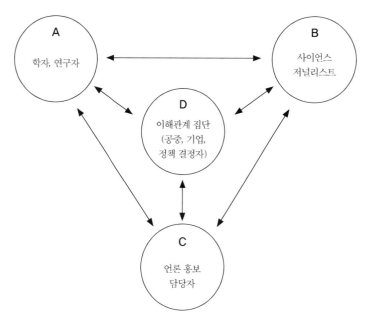

그림 4-2. 사이언스 커뮤니케이션의 소통 관계 (Koenneker, 2017: 458 참조)

성한다고 할 수 있다. 연구자에게 저널리스트는 자신의 연구 성과를
외부 대중에게 전달하는 가장 정형화된 통로이자 확산자이다. 특히
제삼자인 저널리스트가 객관적으로 정보를 전달하므로 신뢰성을 높
일 수 있고, 호의적 이미지 형성을 기대할 수 있다. 하지만 동시에 저
널리스트는 언론 고유의 환경 감시 기능에 따라 비판적 감시자 역할
을 하기도 한다. 반대로 저널리스트에게 연구자는 취잿거리를 제공
하는 중요한 정보원이다. 특히 저널리스트들이 가장 고대하는 특종
기삿거리를 제공할 수도 있다. 또한 전문적 지식이 없는 저널리스트
들에게 있어 연구자는 연구 성과에 대한 이해와 자문을 구할 수 있는

전문가이기도 하다.

A-C 관계, 즉 연구자와 홍보 담당자는 주어진 역할은 다르지만 동일한 연구 기관에 속하며 내부적 관계를 형성하고 있다는 점이 특징이다. 하지만 홍보 담당자는 동료 연구자로서가 아닌, 이를테면 연구자의 홍보 대리인 역할을 한다. 홍보 담당자는 외부 집단과의 대외적 홍보를 전문화하고 체계화하는 임무를 수행한다. 연구자 입장에서는 연구 활동에만 전념할 수 있는 장점도 있다.

B-C, 즉 사이언스 저널리스트와 홍보 담당자의 관계는 연구자와 저널리스트의 관계와 밀접하게 연결되어 있다. 홍보 담당자는 연구자의 대리인인 동시에 연구자들을 연결하는 매개자 역할을 한다. 더구나 저널리스트에게 중요한 연구 정보를 보도 자료를 통해 제공함으로써 연구 기관은 물론 언론에도 중요한 역할을 한다. 때로는 보도 자료가 그대로 기사화되는 현실을 고려할 때, 홍보 전문가의 역할이 얼마나 중요한지 짐작할 수 있다. 연구 정보가 A→C→B를 거쳐 그대로 일반 수용자(D)에게 전달되면, 저널리즘의 검증 절차가 누락되어 정보의 신뢰성과 객관성이 상실되는 문제가 발생할 수 있다.

한편 A, B, C는 궁극적으로 D와의 관계를 지향한다. 구체적으로 A→C→B→D, A→C→D, C→B→D, A→D, B→D, C→D 등의 과정을 거쳐 소통이 이루어지게 된다. 이 중 B→D 경로는 전통적인 사이언스 저널리즘에 해당하고, C→B→D는 보도 자료를 통한 언론보도가 해당된다. 그 외에 디지털 미디어를 통한 온라인 소통은 연구자가 직접 외부 집단과 소통하는 A→D 경로에 속한다고 할 수 있다.

◎ 사이언스 커뮤니케이션의 구조 변동

그동안 사이언스 커뮤니케이션 현상은 크게 세 단계를 거쳐 왔다. 상아탑 학문ivory tower science, 온실 학문glasshouse science, 시장 학문marketplace science이 그것이다(Bonfadelli, 2017).

먼저 상아탑 시대의 사이언스 커뮤니케이션은 학계 내부 차원에서 이루어졌다. 학술 공동체 집단에서 구성원 사이의 소통 현상이 이에 속하며, 대표적으로 학자, 연구자 사이의 커뮤니케이션, 교수와 학생 사이의 교육이 있다. 학자와 연구자는 학계 내부에서 학술 연구 내용과 관련된 소통에만 머무르며, 연구 결과를 발표하는 학술지를 매개로 한 토론, 동료 연구자 검증 등이 이에 해당한다. 그 외에 대중 또는 외부 집단과의 소통은 이루어지지 않는다. 과학적 지식이 없고 수동적인 존재인 대중 집단을 대상으로 한 소통은 설득적이고 일방적인 패턴을 이룬다. 이 당시의 지식은 주로 문자 텍스트를 기반으로 소통되었다.

둘째, 상아탑 시대 이후 온실 속 커뮤니케이션 패러다임이 등장하였다. 대학 및 연구 기관에 담당 부서가 설치되고, 학자들은 전문가로 인식되었다. 전문가가 일반 시민을 대상으로 하는 일방적이고 비대칭적인 소통이 주류를 이루며, 상아탑 패러다임과 마찬가지로 대중은 과학적 지식이 부족하다고 인식하는 결핍 모델이 지배하였다. 이전과 다른 점은 미디어가 매개하는 사이언스 커뮤니케이션 패턴이 지배한다는 것이다. 송신자(S)와 수신자(R)를 연결하는 직선적

인과 모델에 따라 미디어를 통해 지식을 전달하면, 목표 집단인 수용자의 긍정적 태도 형성을 거쳐 신뢰를 얻게 된다고 보았다.

셋째, 시장 경쟁적 사이언스 커뮤니케이션 패러다임이다. 대학 등 연구 기관은 홍보 전담 부서를 설치하여 적극적인 대외 소통을 추구하고, 연구자들은 온라인을 통해 외부 세계와 소통한다. 이들은 정치계, 경제계 및 NGO, 시민 등을 대상으로 연구 성과의 홍보 및 자원 확보 등 이해관계를 위한 소통에 집중한다. 공중은 대등한 소통 파트너로 인식되며, 상호 쌍방적 소통이 지향된다. 대중은 정보를 적극적으로 추구하는 시민이자 소비자로 인식되며, 미디어는 이에 상응하여 정보를 제공하고 설득하는가 하면 성찰적 기능도 수행한다. 이 패러다임에서 효과 모델은 수용자의 태도를 결정하거나 배양하는 효과를 주는 등 매우 복잡하다.

◎ 사이언스 커뮤니케이션의 기대 효과

사이언스 커뮤니케이션의 효과는 이를 바라보는 입장에 따라 달라질 수 있다. 학문과 과학 기술 전문가 집단에서는 과학과 기술에 대한 정보를 대중에게 잘 전달하는 것이 최상의 목적일 수 있다. 이와 달리 과학 기술 정책 담당자 관점에서는 과학 정책에 대한 대중의 지지와 동의를 기대하는 것일 수 있다. 또 대중의 입장에서는 첨단 과학 기술에 대한 정확한 정보를 얻어 위험을 방지하고 안전한 삶을 추구하는 데 기여하길 바랄 수 있다. 더 나아가 사이언스 커뮤니케이션은 이러한 다양한 이해관계를 넘어 보편적인 효과를 불러올 수 있다. 이를 정리하면 다음과 같이 여섯 가지를 꼽을 수 있다.

첫째, 학문 및 과학 기술에 대한 전문 지식의 공유이다. 그동안 일부 전문가 집단이 지식 정보를 독점하던 데서 벗어나 이를 외부 집단과 공유하는 것이다. 물론 이를 위한 사회 제도적, 기술적 수준을 갖출 필요가 있다.

둘째, 과학 기술 대중화에 기여하는 것이다. 전문가와 일반 시민의 관계는 오랫동안 단절되어 왔다. 하지만 정치·사회적 민주화의 확산에 따라, 과학 기술 분야에서도 일반 대중의 권리와 참여가 확대되어야 한다.

셋째, 소수 독점으로 인한 원자력 사고와 같은 위험성을 줄일 수 있다. 첨단 과학 기술은 긍정적 기능 이면에 늘 위험성을 내포할 때가 많다. 그것도 사고 발생 시 대규모적 재앙을 불러오는 위험이다. 소통은 이러한 위험성을 차단하거나 줄이는 데 기여할 수 있다.

넷째, 합리적인 의사 결정에 기여할 수 있다. 사이언스 커뮤니케이션은 학술 연구에 대한 이해를 증진시키는 한편, 공중의 참여를 통해 과학 기술의 효용성과 위험성을 고려한 사회적 수용을 가능케 한다.

다섯째, 학문 및 과학 기술 발전에 기여할 수 있다. 커뮤니케이션을 통해서 새로운 과학 기술을 홍보할 수 있고, 연구 개발자에게 피드백을 제공할 수 있다. 학문 연구 세계는 정치, 경제, 사회 문화 등 외부 세계와 긴밀하게 연결되어 존재하므로, 이러한 상호 소통 과정은 이제 필수적이다.

여섯째, 사이언스 커뮤니케이션은 궁극적으로 학문의 민주화 또는 학술 연구와 과학 기술의 민주화에 기여할 수 있다. 상아탑 속의 학문과 과학은 권위주의적 성역처럼 인식된다. 이런 문화를 민주적으로 전환하려는 움직임이 곧 사이언스 커뮤니케이션이다.

SCIENCE
COMMUNICATION

"

II

사이언스 커뮤니케이션
현상 분석

5장

사이언스 저널리즘

◎ 사이언스 저널리즘이란

사이언스 커뮤니케이션의 가장 보편적이자 전통적인 소통 양식은 매스미디어를 통해 이루어지는 사이언스 저널리즘science journalism이라고 할 수 있다. 사이언스 저널리즘은 사이언스와 저널리즘의 합성어로, 사이언스에 관한 정보를 전문적으로 수용자에게 매개하는 미디어의 중개자 역할을 의미한다. 넓은 의미에서 볼 때 이는 저널리즘의 일부에 속한다. 따라서 저널리즘에 대한 기본적 이해가 먼저 요구된다.

사이언스 저널리즘 특성

저널리즘은 수백 년 전부터 이어져 온 공공 커뮤니케이션 현상이다. 저널리즘의 의제 선정이나 구성, 제시는 사실성을 기반으로 하며, 실제 사건 및 사실에 관한 보도를 지향한다. 따라서 주제 및 보도는 사실에 기초하여 진실성과 시사성 및 공공성을 내포해야 한다. 이를 통해 저널리즘은 시사적 정보를 전달하고 현상이나 문제를 의제화하며, 사회의 자기 성찰에 기여토록 한다. 전통적 차원에서 저널리즘은 신문 방송 등 매스미디어가 수행하는 기능에 다름 아니다. 매스미디어는 다른 말로 대중 매체라고 부르는데, 정보원에서 일반 시민 대중을 연결하는 대중화의 역할을 함축하고 있다. 저널리즘의 대상이 되는 것은 곧 대중의 관심사에 속하게 된다. 오늘날 과학 기술을 포함한 학문 역시 매스미디어의 뉴스 가치 대상이 되며, 사이언스 저널리즘은 이를 기반으로 뿌리내리고 있다.

사이언스 저널리즘은 왜 필요한 것인가? 우선 사회에서 매스미디어가 수행하는 보편적 역할과 관련된다. 신문 방송 등 매스미디어는 흔히 분업화되고 복잡한 현대 사회의 각 분야에서 일어나는 주요 현상을 비추는 거울과 같다. 무엇보다 매일 일어나는 뉴스 및 정보를 선별해서 수용자에게 전달한다. 매스미디어는 또한 현재 제기되는 중요한 사회적 이슈의 공적 논의가 이루어지는 공론장 역할을 한다. 여기에는 다양한 사회적 집단과 수용자가 의견을 제기하는 피드백 기능이 포함된다. 이처럼 매스미디어는 뉴스를 선별하고 의제를 설정하는 기능을 한다는 점에서 사이언스 저널리즘의 중요성을 인식하게 한다. 매일 수없이 쏟아지는 정보 중에서 고유한 선별 기준에 따라 뉴스를 전달함으로써, 대중은 사이언스 분야의 중요한 지식을 획득할 수 있다. 나아가 시사적 주요 이슈에 대해 서로 다른 의견이 논쟁, 논의될 수 있도록 의제 설정agenda setting 기능을 수행하기도 한다. 이렇듯 연구자와 수용자 사이에서 사이언스 관련 정보와 의견을 매개하는 저널리즘의 역할은 여전히 중요하다.

일반적으로 저널리즘은 네 가지 특징을 지니고 있다(김영욱, 박성철, 2005). 첫째는 공개성이다. 즉 언론 정보는 누구에게나 접할 수 있도록 공개된다. 둘째는 시의성으로, 현재 이슈가 되는 시사적인 정보를 제공한다. 셋째는 보편성으로, 특정 개인이나 집단보다는 전체 수용자와 관련된 정보를 전달한다. 넷째는 정기성으로, 언론 정보는 일회성이 아니라 시간적 규칙성을 지니고 지속해서 전달되어야 한다. 이러한 기준에서 이루어지는 전문 직업적 활동인 저널리즘은 사회 시스템의 영역에 따라 세분화된다. 즉 정치 저널리즘, 경제 저널리즘, 국제 저널리즘, 문화 저널리즘 등. 사이언스 저널리즘은 학문 전반 또는 그중에서 자연 과학, 기술 및 의학에 관한 정보를 다루는 영역을 의미한다.

미디어와 수용자 관계

저널리즘은 미디어와 수용자의 소통 관계를 의미한다. 먼저 미디어는 수용자에게 정보를 제공하는 역할을 한다. 즉 우선 주제를 선별하고 뉴스 가치를 결정한다. 또한 정보를 프레임을 통해 해석하는 한편, 특정한 시각으로 평가한다. 이에 반해 수용자는 정보를 적극적으로 찾고 관심 분야의 주제에 주목하는가 하면, 선택적 주목과 이해를 추구한다. 그 결과 미디어는 뉴스 주제를 선정하는 의제 설정 효과, 지식 습득과 학습, 프레임 효과로서 해석, 태도 형성 및 행동 유발 등의 효과를 지향한다.

◎ 사이언스 저널리즘의 역할

일반적으로 저널리즘 미디어는 제삼자적 관점에서 정보를 전달한다. 따라서 송신자나 수신자의 이해관계로부터 비교적 자유롭게 학술 정보를 매개할 수 있다. 특히 민주 사회에서 언론은 정보를 제공하고 다양한 사회적 이슈에 관한 토론의 장이자 해석을 제공하는 사회적 제도, 공공적 기관으로 인정된다. 이와 관련하여 독립적 사이언스 저널리즘은 학술 정보 및 성과를 객관적이고 비판적으로 전달하는 중요한 역할을 해 왔다. 특히 이는 연구 영역, 학술 홍보 그리고 공중 사이를 매개해 주는 사이언스 저널리즘의 역할과 관련된다.

하지만 매스미디어를 중심으로 오랫동안 유지되던 이러한 사이언스 저널리즘은 디지털 미디어 기술의 도입으로 위기를 맞이하였다. 대표적 사례로 독일 전문 학술 잡지들은 온라인 미디어 등장 이후 2005~2015년 사이 판매량이 30%에서 최대 60%까지 감소하였다 (Dogruel & Beck, 2017). 이는 21세기 들어 사이언스 저널리즘이 기업적 또는 상업적 모델로 전환된다는 의미도 내포한다.

한편 사이언스 저널리스트의 역할에 대해 생각해 볼 필요가 있다. 사이언스 저널리스트는 연구 결과 및 연구가 미치는 영향 또는 위험성에 관한 정보를 공중에게 전달하는 한편, 연구와 관련된 배경을 설명하는 역할을 한다. 이에 비해 사이언스 커뮤니케이터, 즉 각 연구 기관 홍보 담당자는 연구를 수행하는 기관의 특정 이해관계를 대변한다. 객관적이고 비판적인 관점에서 보편적 이해관계를 대변하는 저널리스트 기능이 매우 중요하다는 점을 느낄 수 있다. 아울러 사이언스 저널리스트의 역할은 고유한 특수성을 지닌다고 평가할 수 있다. 사이언스 저널리스트가 중요한 이유는 무엇보다 학문 또는 과학 기술에 관한 어려운 전문 지식을 대중적 눈높이에 맞춰 변환해 전달한다는 점이다. 즉 과학적 지식이나 정보를 단순히 그대로 전달하는 역할을 넘어, '소통의 매개자'로서 고유 역할에 충실한 전문성을 지닌다고 할 수 있다.

◎ **학문과 저널리즘의 괴리: 진리와 뉴스 가치**

사이언스 저널리즘은 학문 또는 사이언스와 저널리즘 미디어의 결합이라고 할 수 있다. 미디어가 추구하는 이른바 '뉴스 가치news value' 또는 언론 작동 원리는 진리를 추구하는 학문의 지향점과 일치하지 않는다는 점에서 상호 간극이 존재한다. 이를 구체적으로 설명

II부 사이언스 커뮤니케이션 현상 분석

하면 다음과 같다.

첫째, 미디어와 학술 연구자는 상대방의 작업 방식이나 직업적 특성에 대한 기본 지식이 부족하다. 특히 사이언스 저널리즘에서는 뉴스 가치를 판단하기가 쉽지 않다. 과학적 연구 성과는 전문가만이 뉴스 가치를 판단할 수 있기 때문에, 비전문가인 저널리스트가 빠르게 판단해서 보도하는 것이 어렵다. 따라서 보도 전에 과학 기술의 연구 결과를 검증하고 평가하는 언론의 게이트 키핑gate-keeping 기능이 이루어지기 어렵다. 대신 외부 전문가나 해외 저명 저널의 평가에 의존하는 경우가 다반사이다. 이에 따라 사이언스 저널리즘은 학술 과학 정보의 정확성과 진실성을 담보하기가 어렵다고 할 수 있다.

둘째, 뉴스관의 차이가 크다. 즉 언론은 주로 연구자 사이의 논쟁, 스캔들, 시사성, 과학적 신기록 등에 관심을 두는 반면에, 연구자는 장기적인 관점에서의 진보, 기술적 발전, 복잡한 과학적 인과 관계 규명 등에 주목한다. 학술 연구는 특정 주제에 관해 체계적으로 연구하고 그 결과에 대해 치열한 토론과 의견 교류를 거쳐 지식을 생산하는 데 비해, 미디어는 고유한 작동 논리를 통해 수용자의 주목을 끄는 데 집중한다. 따라서 "언론은 과학을 위해 지식이 수용자들에게 잘 전달되었는가에 대해서는 무관심하고, 반대로 연구자는 미디어를 위해 자극적인 정보를 제공하는 것에 관심을 두지 않는다."(Von Aretin, 2012: 231) 이러한 서로 다른 이해관계 때문에 연구자는 언론 보도가 과학의 복잡한 관계를 잘 이해하지 못한다고 생각하고, 언론에 대해 방어적인 자세를 취하기도 한다.

사이언스 보도의 뉴스 가치 전략

언론과 학술 연구 분야의 이해관계 차이로 인해, 사이언스 관련 언론 보도는 대중적 관심을 끌기 위한 몇 가지 전략을 구사하기도 한다(박성철, 2011). 첫째, 과학적 지식이나 내용보다 수용자의 이목을 끌 수 있는 자극적 언어를 구사한다. 이를테면 연구 성과에 대해 '세계 최초', '한국인 최초' 등의 표현을 내세워 보도함으로써 독자와 시청자의 주목을 유도한다. 이 경우 객관적 연구 결과와는 달리 연구 성과를 과장 또는 왜곡할 가능성이 커진다. 둘째, 연구 성과의 경제적 영향력을 강조하는 전략을 구사한다. 이를 통해 연구 결과 전반에 대한 평가 및 위험성은 도외시하고, 대신 경제적 효용성만 지나치게 강조할 수 있다. 셋째, 애국주의적 보도 경향이다. 이를테면 황우석 박사를 소개하는 수식어로 "한국인 최초로 국제적 과학자가 탄생했다"라는 식의 보도다. 넷째, 재미 위주로 과학 정보를 전달하는 것이다. 이는 과학은 어렵다는 일반적 인식을 없앨 수는 있지만, 과학 지식에 대한 왜곡을 유발할 수 있다. 이러한 보도 경향은 최소한의 언론 윤리 강령도 준수하지 않음으로써 과학 연구에 대한 대중적 이해를 왜곡하는 결과를 초래할 수 있다.

사이언스 저널리즘의 영역

사이언스 저널리즘은 학문 전반에 관한 전문적 보도를 지칭하는데, 이를 좀 더 세분화하면 다음과 같이 정리할 수 있다(김영욱, 박성철, 2005). 첫째, 물리 화학 등 순수 과학과 기술 및 의학에서 중요한 뉴스 가치가 있는 정보를 전달한다. 주로 새로운 연구 성과나 지구 온난화처럼 사회적 논쟁 대상에 대한 과학적 지식이나 정보를 관심 있는 수용자에게 전해 준다. 둘째, 시의성 있는 사건에 대한 심층적 이해를 돕는 정보이다. 즉 사건과 관련한 과학 기술 및 의학 관점의 해설이나 설명을 제공하는 보도가 있다. 셋째, 사회 과학, 즉 정치학, 경제학 등에 관한 전문가의 최근 연구 성과 혹은 논쟁을 전달한다. 이를 통해 시사적 이슈에 대한 이해를 높이는 한편, 현상의 배경이나 영향력에 관한 전문적 지식을 제공한다. 우리나라의 경우 이 중에서 주로 순수 과학 및 기술과 의학 분야를 대상으로 하는 '과학 저널리즘'을 사이언스 저널리즘으로 인식하는 것이 일반적이다(김학수, 2011; 김영욱, 박성철, 2005; 진달용, 2015 참조).

과학 저널리즘 차원에서의 보도는 과학 기술 분야를 대상으로 할 때 다음과 같이 좁혀진다(박성철, 2011). 첫째, 최신 과학 기술 연구 성과에 대한 정보를 알리는 것이다. 주로 저명 과학자나 연구 기관의 새로운 연구 결과 또는 사회적 영향력이 큰 연구 주제에 대한 획기적인 성과를 대중에게 전달한다. 둘째, 기본적 과학 지식에 대한 이해를 제공하는 정보의 전달이다. 시사적인 사건 또는 기후 변화 등 이슈가 되는 문제에 대한 과학적 배경지식을 제공하는 것이다. 셋째, 과학 기술 정책이나 과학 교육에 관한 정보의 전달이다. 예를 들어 새로운 정부의 과학 정책이나 4차 산업 관련 과학 교육 등에 대한 뉴스 등이다. 넷째, 과학자, 연구자에 대한 보도이다. 뉴턴, 아인슈타인과 같은 저명한 과학자의 삶을 재조명하거나, 획기적이고 새로운 연구 결과를 발표한 천재 과학자에 주목하는 등 대중의 관심을 끄는 뉴스의 제공이 이에 해당한다.

사이언스 저널리즘 동향

최근 사이언스 저널리즘은 과학 기술에 대한 보도에 있어 오락적 성향, 즉 '인포테인먼트Infotainment'의 특성이 강한 내용으로 변화되었다. 수용자에게 보도 주제에 대한 깊이 있는 이해를 제공하기보다는, 최대한 많은 수용자에게 지식을 전달하거나 특정 목표 집단이 메시지를 수용하도록 하려는 것이다. 이러한 성향은 지식의 대중화 popularization 현상에 해당된다. 보도 내용을 단순화하고 피상적으로 꾸미는 것은 대중 지향의 저널리즘 전략에 속한다. 이는 광고 수익에 대한 미디어의 종속성이 크면 클수록 더 강해진다.

그동안 한국의 사이언스 저널리즘은 지속적으로 비판적 대상이 되곤 했다. 무엇보다 전문성이 부족하다는 비판이 강했다. 이는 학술 연구 전문 부서나 전문 기자가 부재한 것과 무관하지 않다. 아울러 시장 경쟁 및 이윤 추구적 경영 원리에 입각한 언론사의 기업적 조직 특성으로 인해, 저널리즘 기능이 약한 상태다. 지난 2000년대 초 황우석 보도 사태가 좋은 사례에 속한다. 전문성이 부족한 취재 기자들은 저널리즘 원칙에 기초한 기본적인 취재나 검증 과정 없이 오직 경쟁사보다 최대한 빨리 보도하는 데 매달렸다. 그 결과 황우석 연구팀의 연구 부정 또는 연구 결과의 중대한 문제점을 파악하지 못했고, 연구팀이 제공한 일방적인 보도 자료를 그대로 전달하는 우를 범하였다. 황우석 사태는 한국 과학계의 수치일 뿐 아니라, 한국 저널리즘의 부끄러운 민낯을 그대로 보여 준 대표적인 사례라 할 것이다.

◎ 사이언스 저널리즘의 특성

사이언스와 관련한 정보를 수용자들에게 매개하는 저널리스트는 연구자가 아니다. 따라서 보도 내용이 정보원에 따라 좌우될 가능성이 크다. 전문적 지식을 대중에게 알기 쉽게 전달하려면 저널리스트는 주제에 대해 해박한 지식을 갖거나, 적어도 완전하게 이해해야 한다. 하지만 늘 마감 시간에 쫓기는 저널리스트의 직업적 특성은 더욱 문제를 어렵게 만든다. 따라서 연구 기관의 보도 자료가 그대로 언론 보도 내용이 되는 경우가 생긴다.

이러한 사실을 뒷받침하는 주목할 만한 연구 결과들이 제시되기도 했다. 대표적으로 독일 언론학자 바바라 바에른스Barbara Baerns는 노르트라인-베스트팔렌주 정부의 보도 자료가 언론에 그대로 보도되는 경우가 상당히 많다는 사실을 밝혔다. 특히 위기 상황이나 갈등 상황에서 언론은 홍보 자료를 그대로 보도하는 경향이 컸다(Beck, 2013). 이 경우 저널리즘의 검증 과정이나 비판적 시각은 사라진다. 그 결과 정보원인 연구자 또는 연구 기관이 홍보 차원에서 제공한 의제가 그대로 보도의 기준이 될 수 있다. 학자 또는 연구자가 언론 보도에 막대한 영향을 미치고, 저널리즘 원칙은 제대로 작동하지 않게 된다.

또는 연구자나 연구 기관이 저널리즘 작업 방식에 익숙해져 시사적, 전문적 정보를 언론의 구미에 맞게 제공할수록 언론의 반향이 더 커질 수 있다. 공공 기관이나 기업 조직이 자체의 홍보 활동을 강화하는 것은 이와 무관하지 않다. 문제는 그 반대급부로 진실한 정보를 전달하는 저널리즘의 기능이 크게 위축되고, 올바른 여론이 형성되기 어려워질 수 있다.

◎ 사이언스 저널리즘 비판

우리나라 경우를 기준으로 볼 때 사이언스 저널리즘은 몇 가지 문제점을 지니고 있다. 첫째, 사이언스 뉴스의 게이트 키핑이 제대로 작동하지 않는다. 저널리즘은 수많은 정보원으로부터 쏟아지는 정보에 대해 우선 뉴스 가치를 판단해야 한다. 뉴스 가치를 선별하기 위해 언론사는 내부적으로 게이트 키핑 시스템을 갖고 있다. 하지만 학술 연구, 특히 과학적 이슈에 대한 게이트 키핑은 고도의 전문성이 필요하기 때문에 외부에 의존할 수밖에 없다. 특히 국제 저명 학술 저널《네이처Nature》,《사이언스Science》등에 게재된 논문인지가 게이트 키핑 기능을 대신한다. 이들 학술지는 엄격한 과학적 기준과 전문성을 지닌 권위 있는 학술지로 정평이 나 있지만, 한편으로 이윤을 추구하는 상업적 속성을 지닌다는 비판을 받기도 한다. 또한 황우석 사태에서 알 수 있듯이 이들 학술 저널의 평가가 완벽한 것도 아니다. 그럼에도 언론은 이들 학술지에 게재 여부로 게이트 키핑을 대신하곤 한다.

둘째, 과학적 중요성보다는 대중적 관심을 지향한다. 학술 연구 관련 뉴스는 수용자들이 이해하기 어렵고 일상생활과 직접적 관련성이 낮다. 따라서 언론은 흔히 수용자들의 이목을 집중시킬 수 있는 전략을 구사한다. 대표적으로 연구 결과가 세계 또는 한국 최초의 성과임을 강조하는 것이다. 혹은 연구 성과로 인한 경제적 기대 효과에 집중하기도 한다. 그 밖에 과학적 성과의 중요성보다 재미있는 흥미 위주의 뉴스 상품으로 정보를 전달하기도 한다. 이를 통해 과학 뉴스 보도에서는 비판과 감시 기능이 작동되지 않게 된다(박성철, 2011).

셋째, 사이언스 저널리즘은 사이언스 정보 전달을 위한 역할에 한계를 지닌다. 우선 대부분의 매스미디어는 상업적 이윤을 추구하는 기업적 성격을 갖고 있다. 따라서 수용자의 관심도를 중심으로 정보를 선별하며, 학술 정보는 정치 경제 등 다른 분야에 비해 관심이 적다. 또한 학문 및 과학의 정보를 객관적으로 충실하게 전달하는 대신, 자신의 이윤 추구와 일치하도록 정보를 구성하고 전달하려는 경향이 있다. 이러한 저널리즘의 기업적 또는 상업적 성격은 21세기 들어 더욱 강화되었으며, 이에 따라 전통적인 지식 매개 역할은 계속 축소될 것으로 예상된다.

6장

사이언스 홍보

◎ 사이언스 홍보의 이해

전략적 커뮤니케이션으로서 사이언스 홍보

사이언스 분야에서 홍보는 최근 들어 크게 부각되고 있다. 즉 이전에는 학술 연구 분야에서 홍보 활동은 활발하게 전개되지 않았다. 왜 사이언스에서 홍보의 필요성이 커졌을까? 사이언스 홍보 활동은 어떻게 이루어지고, 또 어떤 효과를 기대할 수 있을까? 이는 홍보에 대한 기본적 이해와 관련한다.

일반적으로 홍보 또는 PR은 기업, 단체, 관청, 정당, 교회, 노동조합, 비정부 기구 등의 조직이 정파적 이해를 관철하기 위한 활동을 의미한다. 공공의 관심사를 다루는 저널리즘이나 제품 판매를 통한 이윤을 추구하는 광고와는 차이가 있다. 각 조직의 관심사를 관철하려는 홍보 활동은 다원화된 사회에서 자연스러운 현상에 속한다. 특히 저널리즘 역시 전문적인 홍보 서비스에 의존하지 않을 수 없기 때문이다. 사적 이익을 추구하는 PR이 미디어와 언론인을 대상으로 하지 않을지라도, 공적 이익을 지향하는 저널리즘에 미치는 영향이 크다는 사실은 널리 알려져 있다. 예를 들어 PR은 저널리즘으로 하여금 이슈 및 의제 설정이나 공표 시점을 유도할 수 있다(Beck, 2013).

사이언스 커뮤니케이션 차원에서 홍보가 필요한 또 다른 이유는 커뮤니케이션에 대한 요구 때문이다. 일반적으로 PR은 마케팅 차원, 조직 경영 차원 그리고 환경과의 소통 관계 차원 등 세 가지 측면에서 중요한 역할을 한다. 먼저 PR은 마케팅 수단, 즉 직접적인 수익을 창출하고 상업적 이해를 추구하려는 활동이다. 또한 경영 관점에서 홍보는 내적 및 외적 공론장을 통하여 조직의 이해를 증대하기 위한 전략적 커뮤니케이션 행위에 속하며, PR은 공론장에서 이미지를 형성하고 강화함으로써 의도적이고 전략적으로 현실을 구성하려는 소통 행위에 속한다. 그리고 환경과의 상호 이해를 위한 PR 활동은 조직의 사적 이익과 외부 집단과의 조화로운 커뮤니케이션을 지향한다. 예를 들어 공장 폐쇄 위협에 직면한 화학회사가 이웃 주민과 소통하는 것을 들 수 있다. 이러한 커뮤니케이션 행위를 통해 공중의 관심 및 사회적 신뢰를 강화하고, 궁극적으로는 이해관계를 증진하여 사회적 통합을 지향하는 것이 홍보이다.

이런 관점에서 학술 연구 기관에도 홍보의 필요성이 요청되고 있다. 특히 대학이나 연구 기관은 과학적 지식의 생산을 통해 사회적으로 중요한 역할을 하지만, 이를 이용한 과학 기술의 부작용으로 파생되는 전 사회적 문제, 이를테면 환경 오염, 원자력 방사선 누출 등에 대한 시민들의 불안이나 위험성은 논란거리가 되고 있다. 따라서 학술 연구자는 본연의 과업인 학술 연구 활동을 수행함은 물론, 연구 개발의 정당성을 확보하기 위한 노력을 지속하고, 이에 관해 사회 구성원들과 상호 소통하는 커뮤니케이션 활동을 필히 해야 한다. 커뮤니케이션학의 홍보, PR, 광고 및 경영학의 마케팅은 이와 관련된 전문 연구 분야에 속하는데, 이들은 모두 전략적 커뮤니케이션strategical communication에 속한다는 공통점이 있다. 하버마스Habermas에 따르면, 전략적 커뮤니케이션은 자신의 이익을 추구하고 권력을 지향한다는 점에서 공익이라는 사회적 목표와 가치를 지향하는 순수한 사이언스 커뮤니케이션과 차이가 있다.

사이언스 커뮤니케이션 활동으로서 홍보 활동은 학술 연구 기관의 조직 목표를 위한 전략적 커뮤니케이션 행위에 속한다. 구체적으로 학술 연구 주제에 관한 관심을 높이고 학술 연구에 관한 긍정적 여론 형성에 기여하며, 학술 연구 성과에 대한 이해를 제고하는 것이 주요 목표에 속한다(Raupp, 2017). 본래 순수한 학문 연구를 전담하는 학술 기관도 이제는 전략적 차원에서 홍보 활동을 중요시하는 시대가 되었다.

마케팅으로서 사이언스 커뮤니케이션

한편 대학 및 연구 기관 등 사이언스 분야의 홍보 활동은 마케팅 차원으로 이해할 수 있다. 이를 '사이언스 마케팅science marketing'으로 명명할 수 있는데, 이러한 활동이 요구되는 것은 점점 증가하는 경쟁 상황 때문이다. 즉 학문과 연구 영역에서의 경쟁이 점점 치열해짐에 따라 기업적 차원의 마케팅 활동이 중요해진 것이다. 더구나 연구자 및 연구 자원을 두고 이루어지는 경쟁은 글로벌 차원으로 확대되어 더욱 심화되는 추세이다. 이런 상황에서 국가 등 외부의 재정 지원이 없으면 대학 및 연구 기관은 그 존립 기반이 위태롭게 되기 때문에 정치적 이해관계를 정립하는 데 민감할 수밖에 없다. 그리고 경쟁의 양상이 다각적으로 전개되고 시장 논리에 따른 이윤 추구 경향이 두드러짐에 따라, 투자 유치를 위한 기업 경영 차원의 광고 활동은 필수적인 요인이 되었다(Weitze & Heckl, 2016).

이와 같이 전략적 커뮤니케이션을 넘어 마케팅 차원으로까지 확대되는 사이언스 홍보 활동은 사이언스 커뮤니케이션 분야에 새롭게 등장한 영역이자 대학 및 연구 기관의 중요한 기능으로 자리 잡고 있다. 그동안 전통적으로 매스미디어를 통해 이루어지던 익숙한 소통 양식에서 변화를 모색해야 한다. 하지만 연구 기관이 전문가적 커뮤니케이션 활동을 독자적으로 수행하는 것은 쉽지 않다.

◎ 사이언스 홍보의 배경

한편 사이언스 커뮤니케이션의 중요성과 소통 주체로서의 연구 기관 또는 연구자의 등장은 동일한 맥락에서 이해할 수 있다. 전통적 커뮤니케이션 과정에서 연구 기관과 연구자는 제한된 역할을 하는 데 그쳤다. 즉 언론에 자신의 연구 활동과 관련한 정보를 전달하는 기능을 할 뿐, 공중과의 커뮤니케이션에 직접 나서는 것은 드물었다. 이른바 상아탑으로 대변되는 대학을 비롯한 연구 기관이나 연구자는 사회로부터 거리를 두고 본연의 임무인 연구 활동에 집중하고, 사회와의 소통은 미디어를 통해 매개되었다. 연구자-매스미디어-수용자로 이어지는 소통 패러다임이 지배한 것이다.

이런 경향은 과학 대중화 운동이 본격적으로 전개되면서 강해졌으며, 그중에서 가장 두드러진 현상이 곧 학계, 연구 기관 또는 연구자에 의한 직접적 소통이다. 그동안 매스미디어가 대행했던 커뮤니케이터 역할을 학문 연구 기관이 스스로 수행하게 된 것이다. 이는 커뮤니케이션학 관점에서는 사이언스 PR 또는 홍보에 해당한다.

또한 학문과 과학 기술을 매개했던 미디어 영역의 변화도 사이언스 홍보 활동이 본격적으로 전개되는 요인으로 작용하였다. 그 변화란 바로 미디어 기술 발달에 따른 새로운 매체의 등장과 시장 경쟁의 심화다. 상호 경쟁하는 미디어가 생산하는 정보의 폭발적 증가는 미디어 기업을 경제적으로 압박하고, 이에 저널리즘 전통은 광고 목표 집단을 대상으로 하는 광고 저널리즘으로 변모하였다. 언론 기관이 저널리즘 원칙에 따라 뉴스를 선별하여 보도하는 대신, 정보원이자 광고주의 요구를 그대로 전달하는 경향이 강해진 것이다. 이에 따라 사이언스 저널리즘 권한이 언론사 편집국에서 연구 기관의 홍보 부서로 이동되었다. 연구 기관의 연구 성과에 관한 보도 자료는 더 이상 언론의 게이트 키핑 기능을 통해 걸러지지 않고 그대로 수용자에게 전달된다.

이 점에서 오늘날 대학이나 연구 기관의 홍보 활동이 매우 중요해졌다. 미디어 또는 저널리스트가 학문에 대한 기본적 이해가 부족할수록, 언론과 연구자의 관계는 점점 더 복잡해지고 어려워진다. 이로 인해 연구자 또는 연구 기관이 자체 연구 성과를 홍보하거나 직접 매개할 필요성도 점점 커졌다.

대학 및 연구 기관은 소규모의 홍보 부서를 전문 PR 기구로 확대 개편하여 위상을 강화하였다. 학문 연구 활동이라는 본연의 임무보다는 이른바 자기 광고self advertising를 하는 것이다. 이를 통해 그들은 학술 연구 이용자를 위한 광고뿐 아니라 새로운 고객을 발굴해야 한다. '사이언스 축제', '사이언스의 밤', '열린 실험실' 등 연구 기관의 다양한 행사는 사이언스 마케팅 또는 사이언스 로비와 크게 다르지 않다고 평가되기도 한다(Weitze & Heckl, 2016).

◎ 사이언스 홍보의 목표

학술 연구 기관이 수행하는 전략적 차원의 홍보 활동이 지닌 본질은 무엇보다 조직 정당성을 확보하고 유지하려는 의도적인 커뮤니케이션이다. 이는 대학 등 학술 연구 기관의 이중적 성격 중에서 교육 및 계몽 기능보다는 조직이 추구하는 자치 및 재원 확보를 우선시하는 목표와 일치한다. 전통적으로 학문 및 과학이 지닌 공공재적 성격, 진리를 추구하는 역할과는 다른 모습이다. 즉 학술 연구에 관한 정보를 매개하고 이해를 도모하기 위한 사회적 차원의 역할과 다소 거리감이 느껴진다. 이는 사회 환경적 변화로 인해 대학을 위시한 학술 기관의 특권이나 권한이 사라졌고, 사회에 문호를 개방하고 대화하며 이해를 구해야 하기 때문이다. 따라서 연구 기관은 학술 연구의 홍보와 동시에, 기관의 조직 안정을 위한 홍보를 수행해야 하는 입장이다.

그럼에도 사이언스 커뮤니케이션 차원에서 이루어지는 학술 연구 기관의 홍보는 사실에 기반을 두어야 한다. 즉 연구 성과를 과장해서도, 신기술의 위험성에 대해 침묵해서도, 이해관계에 따라 견해가 달라져서도 안 된다. 오로지 연구 현황에 대한 정보를 정확하게 전달하여 그것이 학계와 사회에 어떤 의미를 지니는지 널리 알리는 역할에 치중해야 한다. 요컨대 사이언스 마케팅은 사실에 기초하고 투명한 연구 기관 이미지를 형성하는 활동과 다르지 않아야 한다.

◎ 사이언스 커뮤니케이션 대상으로서 공중

공중의 이해

사이언스 커뮤니케이션의 대상인 공중은 누구인가. 과학 기술을 포함한 학문은 정치, 시장, 환경 등 다양한 분야의 공중에게 영향력을 행사한다. 이 중 누구와 소통하는가, 즉 누가 공중인가에 따라 커뮤니케이션 양식과 홍보 활동이 다양하게 전개된다. 일반적으로 공중은 학문에 대해 두 가지 인식을 갖곤 한다. 즉 학문이 성취한 성과에 대한 놀라움, 그리고 믿을 수 없는 학문에 대한 불신감이다. 이러한 인식은 학문이 대중으로부터 정당성을 부여받아야 한다는 과제를 남긴다. 하지만 공중 또는 대중은 고정되거나 특정할 수 없는 집단성을 내포한다. 논쟁의 대상이 되는 이슈에 따라 공중 집단은 다르게 규정된다. 한마디로 공중은 다양한 개인으로 구성된 이질적인 불특정 다수 집단이라고 할 수 있다. 따라서 학문과 공중과의 소통 관계는 다양한 공중과 다양한 소통 양식으로 결합한 다양한 만남으로 나타난다.

공공성

공중은 공공성을 기반으로 한 수용자 집단을 가리킨다. 공중은 단순히 다수를 뜻하는 대중과는 다르며, 능동적인 주체로서의 근대적 시민 집단을 지칭한다. 사적 영역과 대비되는 공공 영역은 서구 근대 사회의 발전에 따라 확대되어 왔다. 즉 공공 영역의 성격은 17세기에는 궁정 사회, 18세기는 계몽 사회, 19세기에는 지식인 사회, 그리고 20세기에는 대중 민주 사회로 확장되었고, 오늘날에는 능동적인 참여를 지향하는 민주 사회를 뜻한다고 받아들여진다. 공공 영역의 다양한 주체로서, 공중은 커뮤니케이션 시스템인 공론장을 구성한다. 민주적 공론장은 시민과 사회 집단의 관심 및 이해를 정치 시스템과 상호 매개하는 역할을 한다. 정보는 공론장에 모여 공적 의견을 형성하며, 정치 시스템에 전달된다. 따라서 공중이 충분하면서도 정확한 정보를 입수하고 이해하는 것이 매우 중요하다. 특히 전문 지식을 기반으로 하는 과학 기술 이슈에 대한 공중의 이해는 공론장 형성에 결정적 역할을 한다.

학술 연구 이슈와 관련한 공론장에 참여하는 중요 집단은 결정권자, 정치 지도자, 전문가 집단, 이해관계 집단, 일반 시민 등으로 구분할 수 있다. 이들 대상의 사이언스 홍보 활동은 현대 민주 사회 공론장에서 선택이 아닌 필수가 되었다.

◎ 사이언스 홍보 활동

사이언스 홍보 활동의 의미

사이언스 홍보 또는 PR은 어떤 의미를 지니는가? 우선 사이언스 홍보는 대학이나 학술 연구 기관 조직 내부에서 이루어지는 커뮤니케이션이 아니라, 외부 환경과의 커뮤니케이션이다. 루만의 체계 이론system theory 관점에서 보면, 하부 시스템은 다른 시스템과의 소통 및 전체 시스템과의 조화를 통해 유지되고 발전한다. 사회 체계의 일부로서 학문 역시 주위 환경과 조화를 이루고, 그에 적응하는 것이 필수적이다. 즉 학술 연구 조직의 정당성은 학문 연구에 대한 사회적 기대 및 규범과 일치되는 역할을 통해서 확보된다. 과거에 이는 학문 연구 활동에 충실한 것으로 충분했다. 그러나 첨단 과학 기술의 가능성과 위험성이 커지고 사회적 영향력이 극대화됨에 따라, 사이언스에 대한 사회적 관심이 커지고 이에 대한 소통 역시 중요하게 되었다.

대對 언론 홍보 활동

매스미디어는 학술 연구에 관한 대중적 소통의 중요한 통로 역할을 한다. 사이언스 커뮤니케이션 현상이 본격적으로 일어나기 이전은 물론, 이후에도 마찬가지다. 이는 무엇보다 저널리즘의 전문성과 관련한다. 연구 기관 본연의 역할은 연구 활동을 통해 새로운 연구 성과를 산출하는 것이고, 매스미디어 본연의 역할은 이를 대중과 사회에 매개하는 것이다. 따라서 대중에게의 연구 성과 전달은 '2단계 소통'을 거쳐 이루어지는 것이 일반적 패턴이다. 언론을 대상으로 한 연구 기관의 홍보 활동은 1단계에 속하는 것으로, 우선 언론의 시선을 끌 수 있는 홍보 전략이 요구된다.

언론은 어떤 정보에 주목하는가? 두 가지 기준이 중요하다고 본다. 첫째, 저널리즘에서는 '무엇이 중요한 것인가'보다는 '어떻게 전달할 것인가'가 중요한 판단 기준이 된다. 연구 기관이 의미 있는 연구 성과를 어떻게 얻을지에 집중한다면, 언론은 그렇게 얻은 어렵고 전문적인 지식을 어떻게 알기 쉽게 전달할 것인지에 집중하기 때문이다. 둘째, 언론은 이른바 '뉴스 가치'를 기준으로 정보를 선별한다. 여기에는 시사성, 중요성뿐 아니라, 호기심, 오락성 등 수용자의 관심을 끄는 요소가 중요한 잣대가 된다. 그래서 정보성과 오락성이라는 두 가지 요소가 결합한 '인포테인먼트infotainment'에 부합되는 주제와 내용이 중요하게 인식된다. 흔히 '세계 최초', '최연소', '노벨상', '천재 소년 과학자' 등의 수식어가 따르는 보도가 그 예이다.

 연구 기관의 언론 대상 홍보 활동은 고유한 특징을 내포한다. 무엇보다도 학술 연구 내용은 고도의 전문성을 가지므로, 비전문가는 이해하기 어렵다. 학술 과학 분야 전문 기자라도 다양한 영역의 전문 지식을 알기는 사실상 어려워 비전문가라고 할 수 있다. 더구나 시사성 있는 보도를 위해선 시간적 여유가 촉박하기에, 저널리스트들은 연구 기관의 보도 자료를 그대로 기사 내용으로 내보낼 때가 많다. 따라서 연구 기관의 보도 자료는 사실상 전문적인 언론 기사에 준하는 내용으로 구성되어야 한다. 즉 연구 기관은 저널리즘 원칙에 준하는 보도 자료를 제공해야 한다. 이를 위해 언론과의 긴밀한 관계 유지가 매우 중요하다. 언론에 비친 이미지가 연구 성과 및 연구 기관의 성패를 좌우할 수 있기 때문이다.

공중과의 직접적 홍보 활동

 공중과의 직접적 홍보 활동의 대표적 양식은 대화 포럼이라고 할 수 있다. 대화 포럼은 시민들의 일상생활이나 건강 등에 영향을 미치는 사회적으로 중요한 주제를 대상으로, 이해관계자들과 진솔한 대화를 나누는 것이다. 이를테면 특정 지역의 원자력 발전소 설치나 유전자 조작 식품의 판매 등, 문화적 윤리적 가치판단을 요하는 중요한 사안에 관한 대화를 들 수 있다.

포럼의 구체적인 주제로는 이슈가 되는 주제의 수용 여부에 관한 사항, 새로운 제품의 허용 여부, 이노베이션의 수용 가능성 등을 들 수 있다. 또는 보다 근본적인 문제 차원에서 과학 연구 자유의 한계에 대해 논의하거나, 연구 결과로 인한 위험과 기회에 대해 서로 의견을 나누는 것도 필요하다. 이를 통해 관련 학문에 대한 지식과 기술적 이해력을 높이는 기회를 시민들에게 제공하는 것이 대화 포럼의 의미라고 할 수 있다. 즉 대화 포럼은 사회적 차원에서 전문가와 시민들이 함께 모여 지식을 공유하고 정보를 전달하는 한편, 쟁점에 대한 다양한 의견을 교류함으로써 합리적 해결 방안을 모색하는 소통의 장이라고 할 수 있다.

이러한 대화 포럼을 통해 과학 또는 기술에 대한 시민들의 지식 및 이해력을 높일 수 있다. 나아가 논쟁이 되는 주제에 관하여 시민들의 동의를 얻고, 합리적인 정책 결정을 내리는 데도 도움을 얻을 수 있다.

◎ 사이언스 홍보 주체

사이언스 홍보 주체로서 연구자

사이언스 커뮤니케이터로서 학자 또는 과학자가 매스 커뮤니케이션 과정에 등장한 것은 1980년대 이후부터다. 그 이전에는 매스미디어, 즉 저널리즘을 통해 학문 연구 이슈가 일반 대중에게 전달되는 것이 일반적인 패턴이었고, 사이언스 커뮤니케이션 과정에서 연구자들은 언론을 매개로 간접적이고 소극적으로 소통하는 데 그쳤다. 과학 기술은 인류 사회의 복지와 진보에 기여한다는 믿음이 지배적인 시대였다.

그러나 환경오염 문제나 방사능 누출 사고를 비롯한 재난 발생을 계기로, 과학 기술에 대한 시민들의 인식이 부정적으로 변하기 시작했다. 이런 배경에서 과학 기술을 비롯한 학술 연구계와 대중의 소통 필요성이 대두되었다.

연구자 역할의 중요성

이른바 과학 대중화 운동이 1980년대 후반부터 시작되기 전에는 저널리즘을 통해 학문 연구에 대한 정보가 공중에게 전달되었다. 그러나 전문 연구자들은 언론이 학문 및 과학 기술 정보를 제대로 전달하지 못한다고 여기는 등, 부정적인 시각이 많았다. 이에 비해 연구자는 자신의 연구 활동에 대한 정보를 객관적이고 중립적인 입장에서 전달한다는 인식이 강하다. 따라서 학술 연구, 특히 과학 기술에 대한 사회적 논란이 커진 현대 사회에서, 사이언스 커뮤니케이터로서 연구자들의 역할이 중요하게 대두되었다. 즉 저널리즘을 통해 이루어지던 매개적 커뮤니케이션을 넘어, 학자와 연구자가 학술 연구에 관해 직접 소통하는 시스템을 마련한 것이다.

이러한 학자의 역할은 과학 대중화에 크게 기여한다. 독일연구협의회(DFG)의 경우 자신의 연구 활동에 대한 정보를 대중에게 잘 전달하여 모범이 되는 학자들에게 '커뮤니케이터상Communicator-Preis'을 수여한다. 유능한 학자나 연구자가 되려면 연구뿐 아니라 연구 결과를 대중에게 잘 전달하는 임무도 중요한 시대가 된 것이다.

미디어 스타 연구자 평가

하지만 학계 내에는 미디어 스타 연구자에 대한 질투와 불신의 눈초리가 많다. 미디어 스타 연구자는 학계에서 전문적 연구 성과를 인정받은 것이 아니라, 미디어의 평판 논리를 추종하여 대중적 관심을 불러일으킨 것에 불과하다고 보기 때문이다. 이들의 역할은 고유의 연구자라기보다는 학문이나 과학 분야를 대변하는 인플루언서influencer라고 할 수 있다. 대표적으로 유튜버를 통해 학자나 연구자들이 자신의 전문 분야에 관한 지식과 정보를 대중에게 전하는 대중화 현상을 들 수 있다(11장 온라인 사이언스 커뮤니케이션 부분 참조).

이른바 '미디페서medifessor'라는 용어의 등장은 교수의 미디어 지향성이 점점 강화되는 최근 경향을 잘 드러낸다. 이전에는 자신의 전문 지식 및 연구 성과를 수동적인 자세로 언론에 노출하는 것이 보편적이었다. 즉 교수 자신이 적극적으로 언론 활동에 나서는 경우가 많지 않았다. 그러나 최근에는 미디페서라는 용어가 유행할 정도로 적극적, 전략적으로 언론을 통해 자신을 드러내는 사례가 일반화되었다.

재미있는 점은 학자가 연구 결과를 언론에 노출하는 사례가 많아질수록, 언론이 원하는 정보를 학자가 제공하는 경향도 증가한다는 사실이다. 즉 학자의 시각에서 연구 내용 및 성과의 중요성을 전달하기보다는 저널리스트의 뉴스 선별 원칙에 따라 수용자의 호기심을 자극하는 데 익숙해진다. 따라서 연구의 핵심을 전달하기보다는 사람들의 관심을 끌 수 있는 주변적인 정보를 제공하는 데 치중하게 된다.

연구기관 홍보 활성화

이런 환경에서 연구 자원을 둘러싼 대학이나 연구 기관 사이의 경쟁이 심해짐에 따라 홍보 활동은 점점 더 중요해지고 있다. 대학 및 연구 기관의 경영진은 평판이나 이미지를 제고하는 노력을 중시하고, 연구자들은 자신의 연구에 대한 정당성을 인정받아야 하는 상황이다. 그 결과 각 대학과 연구소는 홍보 조직을 강화하는 한편, 인터넷, 소셜 미디어 등 디지털 미디어를 활용한 홍보에 적극적으로 임하고 있다.

◎ 대학의 홍보 활동

연구 기관으로서 대학 홍보의 특성

오늘날 학술 연구의 대표적인 기관인 대학은 적극적인 홍보 활동에 임하고 있다. 무엇보다 서로 경쟁 관계에 있는 타 대학에 대해 우위를 점해야 하기 때문이다. 대학은 한편으로는 학문 연구라는 사상적 경쟁을 해야 하고, 다른 한편에서는 기업 경영적 경쟁을 해야 하는 실정이다. 이러한 심화된 경쟁 환경으로 인해 대학의 홍보는 전략적 커뮤니케이션 성격을 띠게 된다. 즉 대학은 전략적 차원에서 사이언스 커뮤니케이션을 하지 않을 수 없는 상황이다.

이에 따라 대학의 홍보 활동은 크게 두 가지 차원으로 나눌 수 있다. 첫째, 교수들의 연구 업적 및 연구 활동에 관한 홍보이다. 이는 학문 연구 및 교육이란 대학의 전통적인 고유 활동을 알리는 차원에 속한다. 이를 통해 대학은 사회적 위상을 높이고 잠재적 능력을 지닌 후속 연구자들을 확보할 수 있으며, 동시에 기업과의 산학 협력 또는 연구에 필요한 국가적 지원을 확보할 수 있다. 둘째, 홍보 전담 부서를 통해 대학 경쟁력을 확보하는 전략이다. 무엇보다 이는 매년 학생 정원을 확보하고 대학의 재정적 안정을 도모하려는 것이다. 경영학 관점에서 볼 때 대학은 일반 기업과 동일한 조직으로, 시장 경쟁에서 승리해 수익을 창출해야 존재할 수 있다. 우리나라의 경우 최근 출산율 저하로 인한 잠재적 대학 신입생 수가 급감하여 많은 대학이 재정적 위기 상황에 직면해 있다. 글로벌 차원에서도 시장 경쟁 논리가 점점 심화됨에 따라 대학의 생존 경쟁도 심해지고 있다.

커뮤니케이터로서 홍보 담당자

대학이나 연구소의 홍보를 담당하는 커뮤니케이터는 미디어와 학술 연구를 연결하는 매개자다. 연구 기관의 홍보 활동은 조직 외부와의 커뮤니케이션 또는 마케팅 기능을 수행하는 전문 부서로 체계화되었다. 홍보 활동의 핵심은 자체 조직의 연구자와 저널리스트를 연결하는 교량 역할에 있다. 이를 통해 연구 기관과 미디어가 긴밀한 관계를 유지하고, 연구 활동에 관한 긍정적 정보는 적극적으로 보도하고, 부정적 정보는 보도되지 않도록 차단하는 역할을 한다. 따라서 대학을 비롯한 연구 기관 홍보팀의 주 고객은 저널리스트들이다. 홍보팀은 저널리스트의 다양한 요구에 빠르고 적절하게 반응하는 것이 무엇보다 중요하다. 학술 커뮤니케이터는 이른바 정보 브로커라 할 수 있다. 이들은 어떤 기자가 어떤 연구 결과를 어느 때 필요로 하는지, 그리고 연구 성과를 잘 전달할 수 있는 최적의 연구자는 누구인지 등을 판단해야 한다.

홍보 담당자와 저널리스트가 이상적 관계를 맺으려면 상대방이 무엇을 원하는지, 어디까지가 역할의 한계인지 아는 것이 중요하다. 또한 상호 신뢰 관계를 형성하여 긴밀한 대화를 나누고, 학술회의나 모임에서 논쟁적 주제에 대해 눈높이를 맞출 수 있어야 한다.

디지털 미디어와 홍보 활동

매스미디어를 통한 전통적인 홍보 방식과 달리 최근에는 인터넷, 소셜 미디어를 통한 연구 기관의 홍보 활동이 일상화되었다. 경쟁력 강화를 위한 대책이 시급한 대학은 디지털 미디어를 활용한 홍보 활동을 적극적으로 체계화시켰다. 예를 들어 대학 홈페이지를 비롯한 직접적 홍보 활동에서는 자신들이 국내 또는 세계에서 몇 번째 순위에 속한다는 등의 홍보 내용을 종종 보게 된다. 사람들의 눈길을 끄는 홍보 메시지가 없는 대학을 찾기 어려울 정도다. 이런 경향은 대학 또는 연구 기관이 수행하는 사이언스 커뮤니케이션의 신뢰성이나 객관성에 의문을 불러올 수 있다. 더욱 중요한 문제는 대학 등 연구 기관의 직접적 커뮤니케이션에서는 저널리즘의 게이트 키핑 기능이 작동하지 않는다는 점이다. 이에 중요한 연구 성과를 전달하기보다는 대중의 관심을 유도하는 가벼운 정보를 제공하거나 흥미 위주의 캠페인을 벌이는 사례가 증가하게 된다.

◎ 비판적 평가

이상에서 살펴본 사이언스 홍보는 학문 또는 연구 기관의 위상을 제고하는 데 기여하는 한편, 대학 및 연구 기관의 존립 기반을 강화하는 역할을 한다. 하지만 사이언스 커뮤니케이션 관점에서 볼 때 다음과 같은 몇 가지 문제점을 지니고 있다고 평가할 수 있다.

첫째, 전략적 차원에서 이루어지는 사이언스 커뮤니케이션은 사회적 공익과 조직의 사적 이익 사이에 긴장감을 불러온다. 이를테면 대학 기관의 홍보는 학문 또는 학계 전체의 역할과 발전을 위한다기보다는 조직 자체의 정당성을 위한 이해관계를 대변한다. 그럼에도 진리 추구의 전당으로서 대학의 홍보는 이윤을 추구하는 일반 기업의 홍보 활동과는 달리 공익 지향적이어야 할 것이다.

둘째, 시장 경쟁 논리의 추구는 학문과 연구 기관의 신뢰도를 실추시킬 수 있다. 대학 등 연구 기관의 홍보는 이해관계자와의 우호적 관계를 형성하는 것으로, 객관적이고 중립적인 관점에서 지식을 생산하고 진리를 추구하는 역할과는 다소 거리가 있다. 그 결과 궁극적으로 연구 기관의 신뢰성이 무너지는 원인이 될 수 있다. 대학의 신뢰도를 유지하면서 이해관계자와 우호적 관계를 정립하는 문제는 사이언스 홍보 활동의 당면 과제에 속한다.

셋째, 연구 기관의 공중에 대한 직접적 홍보는 저널리즘을 통한 비판적 검증 없이 이루어진다는 점에서 문제의 소지가 있다. 즉 연구 집단의 홍보는 보편적 이해가 아니라 자신에게 유리한 개별적 이해를 반영한 정보를 전달하는 데 치우치는 경향이 강하다. 이를테면 연구를 통해 얻은 과학 기술 결과와 관련한 긍정적 성과나 기회에 치중하고, 그것이 함축하고 있는 위험성에 대해서는 침묵할 수 있다. 해당 연구 분야의 동료 평가나 비판이 동반되지 않으면 대중은 연구 성과의 전모를 파악할 수 있는 정보를 전달받지 못하게 된다.

7장

학술 연구 커뮤니케이션

연구 관련 학계 내부에서 이루어지는 연구자 사이의 커뮤니케이션은 영어로 'scholarly communication', 또는 'scientific communication'이라 부른다. 이는 다시 공식적 차원에서 이루어지는 커뮤니케이션과 비공식적 차원에서 이루어지는 커뮤니케이션으로 구분할 수 있다.

◎ 공식적 학술 커뮤니케이션

학술 연구 소통 과정

먼저 공식적인 커뮤니케이션은 학술 연구와 관련한 지식의 생산,

유통 및 소비에 있어서 나타나는 공식적 차원의 소통 현상을 아우른다. 이를 세분하면 지식의 생산 과정 차원의 커뮤니케이션과 유통 및 이용 차원의 커뮤니케이션으로 구분할 수 있다. 학술 연구의 생산 과정 차원의 커뮤니케이션은 특정 주제에 관한 전문적 연구에서 도출한 연구 결과를 교류하고 공표하여 연구자 공동체에서 상호 공유하는 소통 과정을 의미한다. 이 과정에서 연구자는 연구 활동을 수행하고 이를 동료 연구자의 검증 절차를 거쳐 공인한 후, 학술지 연구 논문으로 게재하는 절차를 거친다. 최종 연구 결과는 보통 학술 논문, 보고서, 단행본 등으로 간행되며, 다른 연구자들은 규칙에 따라 이를 참고 문헌으로 이용하고 인용하면서 새로운 지식 생산에 기여하게 된다.

학술 연구를 통한 이러한 지식 생산 과정은 정해진 공식적인 절차에 따라 이루어지는데, 이를 학술 커뮤니케이션scholarly communication이라고 부른다. 학술 커뮤니케이션 과정에서의 주요 소통 주체는 연구자 또는 저자, 동료 연구자, 학회, 연구자 공동체, 학계를 꼽을 수 있다. 연구자 또는 저자는 특정 주제에 관한 학술적 연구를 수행하는 전문가를 뜻한다. 이들은 정해진 고유한 학술 연구 방법에 따른 연구 과정을 거쳐 결과를 도출한다. 이는 다시 동료 연구자의 검증을 거쳐야 공식적으로 인정되며, 새로운 전문 지식으로 받아들여진다. 그렇지 않은 경우 연구 성과는 실패한 것으로 간주되며 새로운 지식으로 인정되지 않는다. 이를 주관하는 주체는 학회academic society인데, 학회는 정기적으로 전문 학술지scholarly journal를 발간함으로써 새로운 지식을 검증, 공인, 생산하는 역할을 한다.

보통 학회는 정치, 경제, 인문학, 공학, 자연 과학, 예술 등 학문 분야별로 구성되며, 각 전문 분야 내에서 다시 세분화된 연구 영역별로 고유한 학회가 운영된다. 이는 국가별로 운영되는 학회와 국제적 차원의 학회로도 구분할 수 있다. 요즈음은 국제적 기준에 따른 평가가 중요시되는 시대로, 국제적 학술지에 연구 결과를 발표하고 공인받는 것이 연구 성패를 가르는 잣대가 되고 있다. 특히 자연 과학 분야가 이에 해당하며, 그 이유는 과학 분야의 연구 성과는 이를 이용한 기술 개발로 이어져 실용적 가치가 크기 때문이다.

연구자들이 모여 이루어진 집단은 연구자 공동체community라고 한다. 좀 더 자세히, 연구자 공동체는 특정 영역의 연구 활동에 필요한 전문적 지식을 공유하고, 상호 유기적으로 이론적, 실천적 활동을 수행하는 연구자들의 집단을 의미한다. 대학, 연구 기관, 학회 등이 연구자 공동체에 해당하며, 보통 학계學界라고 부르기도 한다. 학계와 동의어로 여겨지기도 하는 대학의 위상은 다음과 같은 사이언스 커뮤니케이션의 역할에서 비롯된다고 할 수 있다(한국문헌정보학회, 2021). 우선 대학은 학술 연구 정보의 생산을 위한 시설과 설비를 갖춘 생산자이다. 둘째, 대학은 후속 연구자를 육성하고 인정하는 교육자 기능을 수행한다. 셋째, 생산된 학술 정보를 다양한 미디어로 제작 제공하여 유통하는 기능을 한다. 넷째, 대학은 학술 연구 정보를 저장 및 축적하여 이용자에게 서비스하는 기능을 전담한다. 요컨대 대학은 학술 연구 정보를 생산, 유통, 이용하는 구심체라고 할 수 있다. 대학을 중심으로 하는 학계는 전통적으로 인문 · 사회 과학 분야와 자연 과학 분야를 구분해 왔지만, 최근 융 · 복합 환경 이후에는 학문의 경계를 넘는 차원에서 소통이 활발해진 상황이다.

전통적으로 학계에서 이루어지던 학술 연구 과정은 아날로그 방식에서 디지털 방식으로 변하고 있다. 즉 학계 내부의 지식 생산 커뮤니케이션 과정이 디지털 인프라 구조로 전환되고 있는데, 이를 '사이버사이언스 2.0Cyberscience 2.0'이라고 부르기도 한다(Schmidt, 2017). 이러한 추이는 사이언스와 사회와의 관계에도 긍정적인 영향을 불러일으키고 있다.

오픈 사이언스Open Science

오픈 사이언스 현상은 전문 지식 생산 단계의 커뮤니케이션뿐 아니라 유통 및 이용 단계의 소통 가능성도 제고하고 있다. 이것은 학술 연구를 통해 생산된 콘텐츠를 유통하며 이용자들과 공유하고 긴밀하게 상호 커뮤니케이션하는 환경의 변화와 관련이 있다. 구체적으로 그것은 학술적 전문 지식의 디지털화, 매개화, 민주화와 관련된다. 이 세 가지 요소는 서로 상호 작용하면서 기존의 학술 정보 유통 및 이용 시스템의 구조적 변화를 가져오는 한편, 사이언스 커뮤니케이션이 제도화되는 배경이 되었다. 이에 따라 학술 문헌 정보의 유통 및 이용을 담당하는 도서관의 기능도 변화를 보였다. 즉 전통적 차원의 도서관 역할 및 이용 패턴을 넘어 디지털 시대의 이른바 '오픈 사이언스Open Science' 서비스를 제공하는 곳으로 탈바꿈하게 되었다.

오픈 사이언스는 디지털 미디어 기술의 발달에 따른 학술 연구의 과정과 성과를 디지털 형태로 개방하여 서비스하는 일대 변혁을 뜻한다. 이는 학술 연구 콘텐츠의 생산, 유통 및 이용에 관한 오픈 서비스를 의미하며, 기존의 아날로그 서비스 시스템이 지닌 제한적이고 폐쇄적인 유통 및 이용 시스템을 디지털 기술을 활용하여 오픈 시스템으로 전환한 것이다. 여기서 가장 중요한 가치는 모든 수용자에게 연구 정보를 공개하는 개방성이다. 기존에는 소수 전문가만이 공유하던 전문 지식을 일반 대중에게 공개적으로 공유하는 시스템으로 획기적인 전환이 이루어지는 것이다. 전문 연구자와 일반 대중의 소통 양식과 가능성도 크게 확장되어 사회적, 경제적 편익의 제고를 기대할 수 있다.

오픈 사이언스 영역에는 오픈 액세스Open Access, 오픈 데이터Open Data, 오픈 리포지터리가 포함된다(한국문헌정보학회, 2021). 오픈 액세스는 연구 결과물을 장벽 없이 누구나 접근 이용할 수 있도록 제공하는 것으로, 2002년 부다페스트 오픈 액세스 선언Budapest Open Access Initiative에서 시작되었다. 유럽연합 차원에서는 2008년, 미국은 2013년, 일본은 2016년부터 오픈 사이언스 정책이 구체적으로 실현되기 시작했다. 오픈 데이터는 연구 데이터를 누구나 자유롭게 접근, 이용할 수 있게 하는 것으로 빅 데이터의 중요성과 함께 주목받고 있다. 지금까지 학술 연구 단계를 구분하면 1세대 경험 중심 연구, 2세대 이론 중심 연구, 3세대 컴퓨터 기반 연구, 4세대 데이터 중심 연구로 구분할 수 있다. 디지털 시대 연구는 데이터가 핵심으로, 이를 이용 및 공유하는 것이 중요하다. 이와 관련 데이터를 저장, 관리하는 리포지터리repository를 개방적으로 운영하는 것이 요구된다. 특히 연구 데이터를 도서관별로 폐쇄적으로 관리하던 데서 벗어나 상호 연계하는 오픈 리포지터리로 전환하고 있다. 데이터 과학자Data Scientist는 이를 전담하는 역할을 하는 사이언스 커뮤니케이터로서 중요한 역할을 수행한다. 정보 과학자, 컴퓨터 과학자, 프로그래머, 데이터베이스 및 소프트웨어 전문가, 큐레이터, 사서, 아카이비스트archivist 등이 이에 속한다.

오픈 사이언스가 주목받으면서 본격화되는 현상은 현대 과학 연구의 개방성과 관련이 있다. 즉 현대 과학은 활발한 토론과 검증을 통하여 더 나은 연구 및 지식의 진보를 추구하려는 연구 규범을 공유한다. 오픈 사이언스는 환경의 변화에 상응하는 과학적 진보 운동이라고 할 수 있다. 또한 오픈 사이언스는 학술 연구의 상업화에 대항하는 의미도 지닌다. 이른바 아카데미 자본주의academic capitalism는 연구 성과를 사유화하는 경향으로 공익성과 배치된다. 따라서 오픈 사이언스는 공중과 사이언스 사이의 소통, 시티즌 사이언스citizen science 등을 강화하는 데 기여한다. 이것은 디지털 미디어 기술을 기반으로 한 디지털 사이언스digital science라고 할 수 있다. 아날로그 시대 연구자 개인의 오프라인 연구실을 중심으로 이루어지던 '닫힌 사이언스'의 벽을 허물고, 연구자 간 상호 협력적 개방적 연구 활동이 이루어지는 시대다. 디지털 사이언스 현상을 지칭하는 개념으로 사이언스 2.0이 제시되기도 했다(신은정 외, 2017).

연구자들은 디지털 사이언스의 도구들로부터 학술 연구에 많은 도움을 받고 있다. 즉 자료 탐색부터 자료 분석, 저술, 출판, 확산 및 평가에 이르기까지 연구의 전체 과정을 온라인으로 이용하고 공유할 수 있다. 이러한 오픈 사이언스는 정보 소통의 민주화, 정보의 민주화, 학문의 민주화로 이어지면서 사이언스 커뮤니케이션의 중요한 부분을 차지하고 있다.

◎ 비공식적 학술 커뮤니케이션

일반적으로 학문과 지식은 커뮤니케이션이 없다면 불가능하다. 새로운 아이디어의 개발, 창의적인 생각의 발전, 연구 주제의 구성, 연구 방법론 설정과 논리적인 문제 해결 탐색, 연구 결과의 수정과 피드백 등, 학술 연구의 전 과정이 곧 커뮤니케이션 과정이라고 할 수 있다. 여기에는 동료 연구자 사이의 비공식적 커뮤니케이션 과정도 매우 중요하다.

그럼에도 공식적 연구 과정 외의 사이언스 커뮤니케이션 활동은 그동안 사이언스 저널리즘이나 사이언스 홍보 등 주로 외부 환경과의 소통에 치중하였다. 문헌정보학에서는 폐쇄적인 정보 유통을 벗어난 개방적인 학술 정보 유통 방식인 오픈 액세스 시스템 구축 차원에서 학술 커뮤니케이션scholarly communication 개념을 제시하기도 했으나, 이는 학술 연구 성과의 유통과 관련된 의미에 한정될 뿐이었다.

이처럼 학술 연구 내부에서 비공식적으로 이루어지는 사이언스 커뮤니케이션은 그동안 관심의 대상이 아니었다. 하지만 학계 내부 구성원 사이의 비공식적 커뮤니케이션은 지식 생산을 위한 소통 과정에서 중요한 역할을 한다. 비공식적 커뮤니케이션은 전통적으로 주로 대면적 상황에서 직접적 소통으로 이루어진다. 하지만 미디어 기술 발달, 특히 디지털 미디어의 발달로 점점 간접적이자 매개적 커뮤니케이션으로 확산되고 있다. 학계 내부의 비공식적 커뮤니케이션에의 주목은 무엇보다 디지털 미디어를 기반으로 한 온라인 커뮤니케이션이 활발하게 이루어지게 된 것과 밀접하게 연관되어 있다.

학술 연구의 비공식적 커뮤니케이션에는 전문가 집단에서 공식적으로 이루어지는 커뮤니케이션을 제외한 모든 커뮤니케이션 행위가 포함된다. 엄밀한 의미에서 학술 연구는 국내 또는 국제적으로 개최되는 다양한 학술회의 등 공식적 절차를 거치기만 하면 되고, 또 중요한 과정으로 인정된다. 그럼에도 비공식적 커뮤니케이션 역시 필요하고 또 중요하다. 왜 그럴까?

비공식적 소통의 역할

먼저 첫째, 학술 연구는 고정된 것이 아니라 지속적인 과정이다. 연구자 자신도 오늘 생각했던 연구 결과를 내일 다르게 인식할 수 있다. 다른 연구자의 관점에서 볼 때는 더 다양한 시각에서 연구 과정이나 결과를 해석할 개연성이 존재한다. 연구자 자신의 시각은 주관적일 수 있고 동료 연구자 시각이 더 객관적일 수 있다는 점을 고려

한다면, 비공식적 소통 역시 중요한 기능을 할 수 있다. 둘째, 공식적 커뮤니케이션은 늘 시간적, 공간적 제약성을 지닌다. 학술 토론의 경우 발표자에게 주어진 시간은 대략 30여 분, 동료 토론자는 10여 분 정도다. 이 시간 안에 논문에 대해 깊이 있는 의견을 교환하기란 거의 불가능하다. 해외나 공간적으로 떨어진 환경이라면 연구자 공동체 구성원 사이의 공식적 소통은 더욱 제약된다. 셋째, 학술 연구는 서로 다른 관점 또는 해석의 다양성이 늘 존재한다. 종종 학술적 논쟁은 참이냐 거짓이냐의 문제라기보다는 어느 관점이 더 타당한가, 더 설득력이 있는가 등에 관한 것일 수 있다. 연구자 사이의 비공식적 커뮤니케이션은 이러한 문제들에 효과적일 수 있다. 넷째, 온라인 소통 시대를 맞아 비공식적 소통의 잠재적 가능성은 더욱 커졌다. 연구자들은 인터넷, 소셜 미디어 등을 이용하여 시간적, 공간적 제약없이 서로 생산적인 대화를 나눌 수 있는 시대다. 이런 디지털 온라인 환경은 공식적 커뮤니케이션보다는 비공식적 커뮤니케이션의 중요성을 더욱 높여 주고 있다.

공식적, 비공식적 소통 비교

한편 공식적 커뮤니케이션과 비공식적 커뮤니케이션의 특성을 비교하면 다음과 같다.

우선 공식적 커뮤니케이션이 필수적 과정이자 절차라면, 비공식적 커뮤니케이션은 부수적 과정에 속한다. 공식적 과정은 학술 연구에 반드시 요구되는 절차다. 이를테면 정기적으로 개최되는 학술회의에서 발표자와 토론자는 연구 논문에 대해 공식적으로 의견을 교환한다. 하지만 공식적인 토론이 끝나고 난 후 발표자와 토론자는 논문에 대해 추가 의견을 교환하거나 토론할 수 있으며, 이는 비공식적 커뮤니케이션에 해당한다. 하지만 이런 구분은 절차에 관한 것일 뿐, 우수한 연구 성과를 위해 이들은 똑같이 중요한 역할을 한다.

둘째, 공식적 커뮤니케이션은 공적인 데 반해, 비공식적 커뮤니케이션은 사적인 성격을 지닌다. 이 중 사적 소통이 더 길고 더 중요한 역할을 할 수 있다. 예를 들어 연구 기관에서 연구자들은 매일 함께 연구를 수행하곤 한다. 공식적인 회의나 토론도 하지만 많은 시간 비공식적인 대화와 토론을 이어 가게 된다. 유럽 대학에서 교수와 학생 사이의 도제식 교육 전통은 대표적인 사례이다. 스승과 제자가 늘 시간과 공간을 공유하는 공동생활 속에서 지식은 자연스럽게 전수된다.

셋째, 공식적 소통은 채널 제약성이 크지만, 비공식적 소통은 이런 제약성이 없다. 학술 연구에 대한 공식적 커뮤니케이션은 정해진 시간과 공간 속에서 또 정해진 절차에 따라 진행된다. 따라서 더 많은 시간이나 더 넓은 공간이 필요한 과정, 추가적 절차 등은 비공식적 소통으로 이루어질 수밖에 없는 경우가 많다. 가령 학술 세미나에서 짧은 토론 이후 식사 자리나 카페에서 이루어지는 비공식적 소통은 생산적인 대화가 될 수 있다. 또 추후 이메일을 통한 의견 교환 역시 연구자에게 많은 도움을 줄 수 있다.

이상에서 서술한 바와 같이 학술 연구에서 학계 전문가 사이의 비공식적 커뮤니케이션은 매우 큰 의미를 갖고 있으며, 공식적 커뮤니케이션과 밀접한 관계를 형성하고 있다. 비공식적 소통의 역할은 디지털 미디어 환경을 배경으로 더욱 활발해지고 있다. 그 결과 비공식적 커뮤니케이션은 학술 연구 성과의 양과 질의 확대에는 물론, 학술 연구 발전에 크게 기여하고 있다고 평가할 수 있다.

8장

사이언스 교육과 대중문화

◎ 사이언스 교육은 왜 필요한가?

전통적으로 사이언스 교육은 제도적 교육 기관을 통해 이루어졌다. 어린이와 청소년을 대상으로 하는 초중고 교과 과정과 대학 교육이 전형적인 유형에 속한다. 이는 무엇보다 지식 전수를 통한 학술 연구 분야의 지속적 발전을 추구하고, 후속 연구 세대를 양성하는 것을 목표로 한다. 그러나 사이언스 커뮤니케이션에서 지향하는 교육은 기존의 학생 계층뿐 아니라 일반 대중도 대상으로 한다. 일반 대중이 새롭게 주요 수용자로 등장한 것이다.

오늘날 민주 사회에서 대형 연구 프로젝트를 추진하거나 새로운 과학 기술을 도입할 때, 이에 대한 대중의 동의를 구하거나 그 결정 과정에 대중이 참여하는 것이 보편화되어 있다. 그동안 첨단 과학 기술의 도입에 따른 대형 사고나 환경 파괴 등 재앙의 발생에 따른 위험이 고조되어 온 것을 반영한 결과다. 따라서 과학 기술이 삶의 전반에 결정적인 영향력을 행사하는 현대 사회에서 학문 또는 과학 지식에 대한 시민의 관심은 필수적이다. 학계와 대중의 소통, 대화는 이를 구현하기 위한 구체적인 방안이다.

사이언스 교육의 원칙

사이언스 커뮤니케이션 관점에서의 교육은 어떤 기준에서 이루어지는가? 일반적으로 학교 교육이 지식을 전수하는 데 치중한다면, 사이언스 교육은 과학 기술에 대한 이해와 수용을 중시한다고 할 수 있다. 따라서 사이언스 커뮤니케이션은 이성적, 인지적 요소 못지않게 감성적, 정서적 요소도 중요시한다(Winter, 2012). 동시에 사이언스 커뮤니케이션은 구체적 지식의 전수보다 과학의 의미, 가치, 실생활과의 관련성을 깨닫게 하는 데 중점을 둔다. 그 밖에 후속 연구자 양성을 위한 프로그램도 중점적으로 운영하곤 한다. 이를테면 '과학 영재반', '청소년 연구실', '학생 엔지니어 아카데미', '어린이 대학' 등이 그런 사례에 속한다.

사이언스 이벤트 교육 프로그램

한편 어려운 과학 지식을 쉽고 재밌게 전달함으로써 학술 연구에 대한 호기심을 자극하고 흥미를 불러일으키기 위해 다양한 방안이

표 8-1. 사이언스 이벤트 프로그램 비교 (Faehnrich, 2017: 71)

	박물관, 전시회 유형	시티즌 사이언스	대중적 이벤트
대표적 사례	박물관, 전시회, 사이언스 센터	시민 회의, 사이언스 카페, 라운드 테이블	과학의 날, 어린이 대학, 사이언스 페스티벌, 사이언스 슬램
등장 배경	- 계몽 시대에 등장, 가장 오래된 과학적 지식 중개 양식 - 이벤트 성격으로 변화	- 1990년대 영국, 미국에서 시작 - 시민 참여의 열린 학술 토론장 - 시민의 지식 생산 참여	- 1980년대 '공중의 과학 참여' 차원에서 출발 - 현재 전 세계로 확산
기대 효과	- 학술 토론과 교류의 장 - 이벤트를 통한 시민 참여 촉진	- 시민 참여권 실현을 위한 과학적 계몽 기능 - 양질의 과학적 지식 창조	- 시민 관심 유도 - 학문에의 호감 유도 - 공적인 정당성 확보
한계	- 사이언스 비판 미흡	- 학술 연구 과정의 개방성 제한 - 지식 격차로 인한 제한적 교류 - 참여 집단의 영향력 미미	- 효과 미지수 - 연구자 참여 미흡

제시되고 있다. 전시회, 이벤트 중심의 프로그램이 그 대표적인 포맷에 속한다.

펜리히Faehnrich는 이를 세 가지 유형으로 구분한다(Faehnrich, 2017). 먼저 박물관과 전시회 유형이다. 이는 계몽 시대부터 나타난, 과학 지식을 매개하는 가장 오래된 양식으로 평가되며, 학술 지식의 전수와 토론의 장 역할을 하기도 한다. 하지만 사이언스에 대한 비판적 역할이 약하고 이벤트성으로 치우치는 경향이 많다. 둘째, 시티즌 사이언스 포맷이다. 시민 회의, 라운드 테이블 등 시민들의 적극적인 참여를 기반으로 이루어지는 점이 특징이다. 실생활 문제에 관하여 시민들이 직접 참여하는 한편, 양질의 과학적 지식을 생산하는 계기를 부여한다. 하지만 학술 연구 과정에 대한 개방은 제한적이고, 지식 격차로 인해 실제 교류는 제한적으로 이루어진다는 한계가 있다. 셋째, 과학의 날, 사이언스 페스티벌 같은 대중적 이벤트다. 대중이 학문에의 호감을 느끼게 하고, 과학 참여를 유도하는 효과를 기대한다. 하지만 이는 대중의 참여도가 낮고 효과가 미지수라는 한계점을 갖고 있다(표 8-1 참조).

대중적 사이언스 교육 프로그램

사이언스 센터science center는 전 세계적으로 가장 보편화된 교육 프로그램으로 꼽힌다. 참여자들이 직접 체험하는 교육으로서 대중의 관심이 높기 때문이다. 이러한 핸즈 온hands-on 교육 프로그램은 두 가지 효과를 기대할 수 있다(Pfenning, 2012). 첫째, 연구자가 관람객에게 직접 시연을 보여 주는 것이다. 이를 통해 호기심을 자극하는 이른바 '오하 효과oha-effect'를 거둘 수 있다. 둘째, 관람객들이 주도적으로 워크숍이나 실험에 참여하는 프로그램을 제공하는 것이다. 이를 통해 지적 호기심을 일깨워주는 '아하 효과aha-effect'를 기대할 수 있다. 이 프로그램은 지역 단위의 학교와 사이언스 센터가 연계하는 교육으로 효과를 거둘 수 있다. 사이언스 센터가 연구에 필요한 기기와 시설을 제공함으로써 각 학교 단위에서 부족한 인적 및 물적 자원을 지원받을 수 있다.

사이언스 센터와 성격이 약간 다른 '합의 회의consensus conference'는 합의를 도출하기 위한 자발적 포럼이다. 즉 과학자, 정책 담당자, 시민이 함께 만나 중요한 과학 기술 문제에 관해 대화하고 토론하여 합의를 도출하기 위한 회의체이다. 1987년 덴마크에서 시작되어 영국, 프랑스, 일본 등 전 세계로 확산되었는데, 대중의 능동적이고 적극적인 참여를 기반으로 이루어지는 대표적인 포맷이라고 할 수 있다. 이와 유사한 것으로 유럽 국가에서는 '사이언스 슬램Science Slam'이 운영되고 있다. 이는 2008년 독일에서 시작된 과학 대중 강연 대회다. 보통 젊은 과학자들이 10분 동안 일반 청중을 대상으로 자신의 전문 주제를 알기 쉽고 재미있게 소개하는 프로그램이다. 여러 전문가가 함께 참여하여 경쟁을 통해 우승자를 가리게 되는데, 이를 통해 과학에 대한 일반 대중의 관심과 흥미를 유발한다(Eisenbarth & Weisskopf, 2012).

이 밖에 '사이언스 샵Science Shop'도 관심을 끄는 포맷이다. 사이언스 샵은 무료로 과학 기술에 대한 서비스를 제공하는 실천 프로그램이다. 1970년대 네덜란드에서 시작되었으며, 지역민과 시민 단체 등이 요구하는 지식과 기술을 대학이 제공한다.

사이언스 교육의 비판

먼저 사이언스 교육은 전문성을 바탕으로 하기에 교육자와 피교육자는 수평적 관계보다 수직적 관계를 형성할 가능성이 크다. 즉 과학자 또는 전문가가 대중을 대상으로 일방적 소통 관계를 형성할 확률이 높아진다. 또한 일반 대중의 관심과 참여가 낮아 실효성이 적을 수 있다. 주로 일부 유관 시민 단체나 관심 있는 소수 개인을 대상으로 교육이 이루어지는 경우도 많다. 그 외에도 주로 어린이, 청소년 대상의 교육으로 치우칠 가능성이 크다. 특히 우리나라 경우 순수한 사이언스에의 관심과 흥미를 높이기 위한 본래 목적보다 입시 교육 차원의 관심으로 치우칠 가능성도 크다. 이런 측면에서 아래에 서술하는 사이언스와 대중문화의 결합, 또는 대중 매체를 통한 사이언스와의 만남이 또 다른 교육적 기능을 담당하게 된다.

◎ 사이언스와 대중문화

사이언스 대중화

1859년 찰스 다윈은 진화생물학의 고전이 된《종의 기원On the Origin of Species》을 출간하였다. 대중적 이론서로 출간된 이 책은 당일 매진되어 재판을 찍어야 할 정도로 관심을 모았다. 종의 기원은 많은 시민 간의 뜨거운 논쟁에 불을 지폈다. 기존의 창조론과 진화론 사이의 대중적 논쟁이었다. 하지만 오늘날 학술 전문 서적이 출간된다고 해도 일부 전문가 사이에서만 논쟁을 야기할 뿐,《종의 기원》에서처럼 대중적인 논쟁은 더 이상 일어나지 않는다. 무엇보다도 오늘날 학문 분야는 매우 세분화되었으며, 해당 분야 전문가가 아니면 이해하기 어렵기 때문이다. 달리 말하면 오늘날 학술 서적은 전문성만 갖춘 책으로 대중성은 결여되어 있다. 이는 학문과 대중이 서로 유리된 오늘날의 현실을 보여 주는 단면이기도 하다.

그럼에도 대중적 관심을 끄는 전문 분야 책도 많다. 몇 가지 예를 들면, 칼 세이건의 《코스모스Cosmos》, 재레드 다이아몬드Jared Diamond 의 《총 균 쇠Guns, germs, and steel》, 리처드 도킨스Richard Dawkins의 《만들어진 신The God Delusion》, 유발 하라리Yuval Harari의 《사피엔스Sapiens》 등을 꼽을 수 있다. 이들은 서로 다른 분야의 전문 서적이지만 폭넓은 대중성을 갖춘 책이라는 공통점이 있다.

무엇이 전문성을 갖춘 대중 서적인가? 첫째, 전문가만이 아니라 일반 대중의 관심을 끄는 책이다. 전문성만 갖추고 대중성이 약한 책들은 소수 전문가 그룹에서만 관심을 갖는다. 반대로 대중성만 갖춘 책은 학문의 전문성과는 거리가 있고 대신 흥미를 유발하는 성향을 지닌다. 따라서 일반 독자의 관심을 끄는 전문성을 갖춘 책이 전문 대중서라 할 수 있다.

둘째, 매스미디어의 주목을 받고 '인증'을 거쳐 확산되는 과정을 거친 책이다. 오늘날 출간되는 책들은 너무나 많고 다양해서 사람들의 주목을 받기가 쉽지 않다. 독자로서도 매일 쏟아지는 수많은 서적 중에서 양질의 책을 발견하고 선별하는 것이 매우 어렵다. 따라서 다른 정보도 마찬가지지만, 학술 연구 분야의 정보를 매개하는 매스미디어의 역할이 매우 중요하다. 매스미디어는 전문성과 대중성을 갖춘 책을 발굴하여 '인증'하는 평가 기능과 동시에 널리 '전달'하는 전파 기능을 한다. 매주 단위로 새로 나온 책을 안내하는 일간 신문의 신간 코너가 그렇다.

하지만 매스미디어를 매개로 하는 이러한 학술 연구의 대중화 과정은 출간된 학술 서적의 원본을 축약하고 변경하여 전달하는 등 핵심 내용의 변동이 불가피하다. 이러한 점은 학문의 시각에서는 불만족스럽고 근본적인 문제라고 할 수 있다. 그럼에도 학술 연구를 통해 생산된 전문 지식과 매스미디어를 중심으로 한 대중문화가 상호 작용하여 과학 지식의 대중화를 이끌어내는 사이언스 커뮤니케이션은 매우 중요하다. 학문과 사회는 상호 긴밀한 관계에 놓여 있기 때문이다. 즉 학문과 연구는 사회의 일부분이며, 반대로 사회 없이는 학문 연구도 존재할 수 없다. 동시에 학술 연구 결과는 사회를 변화시키는 잠재력도 갖고 있다. 따라서 현대 대중 사회에서 학문은 사회 구성원의 관심과 주목을 받는 것이 중요하고, 이를 매개하는 역할을 하는 것이 대중문화이다.

과학과 대중문화

과학자를 비롯한 학술 연구 세계와 다수 대중의 만남은 주로 텔레비전과 신문을 비롯한 매스미디어를 통해 이뤄진다. 줄기세포 조작으로 대한민국을 떠들썩하게 했던 2005년 황우석 사건을 기억할 것이다. 그러나 황우석은 줄기세포 사건이 발생하기 전에부터 이미 유명한 미디어 스타였다. 황우석은 상아탑 속 연구실에서 연구에 매진하는 학자라기보다는 이른바 언론 플레이에 능한 폴리페서polifessor였다. 줄기세포 연구에 관한 전문 지식이 없던 저널리스트들은 기본적 검증 절차도 없이 그의 연구 성과에 관한 홍보 자료를 무비판적으로 확산하기 바빴다. 대중 역시 이를 그대로 받아들였고, 이에 도취한 황우석은 결국 성과를 부풀리고 조작하는 연구 범죄를 저지른 것이다. MBC 〈PD수첩〉이 폭로한 그의 연구 조작 사건에 대해 황우석은 잘못이 없다고 항변하기도 했다. 그의 말대로 연구 과정에서 조작이 없었다면, 추후 연구 성과를 다시 검증받았을 수도 있다. 과학적 연구는 반복을 통한 검증가능성을 지니기 때문이다.

황우석이 무리수를 쓰면서까지 언론의 주목을 받으려 했던 이유는 무엇일까? 우선 대중적 스타 연구자 이미지를 다지는 것, 그리고 이를 통해 국가적 차원의 막대한 연구비를 지원받는 것이란 목표와 관련된다. 이러한 이해관계로 인해 오늘날 학술 연구는 대중문화와 긴밀한 관계를 형성하는 것이 중요하다. 대중문화는 대중에게 과학 정보를 전달하고 이해를 증진하는 데 커다란 영향력을 행사한다. 매스미디어를 매개로 하는 대중문화는 설득력이 높고, 시선을 집중케 하며, 정보를 더 기억하게 만들기 때문이다. 대중문화의 이러한 속성은 사이언스 지식이나 정보를 전달할 때 종종 질적 문제를 야기하기도 한다. 이로 인해 학문에 대한 왜곡 또는 부정적 여론이 형성될 수 있음을 학계는 우려하기도 한다.

학계는 국민의 세금으로 재정을 지원받고 또 그에 의존해야 하므로 시민의 신뢰를 얻는 것이 중요하다. 나아가 지속적인 연구와 후속 세대의 양성을 위해 학문에 대한 긍정적인 이미지를 유지하는 것도 마찬가지다. 이러한 문제를 연구하기 위해 미국 국립과학원National Academy of Sciences은 연구자, 미디어 전문가와 함께 '사이언스와 엔터테인먼트 교류Science and Entertainment Exchange'라는 프로젝트를 실시하기도 했다. 이를 통해 영화 및 텔레비전 드라마가 사이언스 친화적이고 정확한 내용을 전달하도록 하려는 것이었다. 이 외에도 NASA, 미국 국립과학재단National Science Foundation, 독일 연방교육연구부와 유럽 사회기금 등의 연구 기관들도 유사한 프로그램을 진행하였다(Allgaier, 2017). 이러한 노력은 학문과 대중문화 또는 학계와 대중 매체가 상호 긍정적인 관계를 형성하고 발전시키는 데 필요하다.

대중 매체 속의 과학 이미지

요즘 영화나 텔레비전 드라마에서 과학 세계를 발견하는 것은 어렵지 않다. 이런 현상의 보편화는 대중문화 제작자와 연구자 (또는 연구 기관) 사이에 상호 이해관계가 성립하기에 가능했다. 먼저 제작자는 학자의 전문적 자문을 통해 과학적 사실을 검증받고 신뢰성을 높일 수 있으며, 연기자 지도를 통해 사이언스에 관한 연출 효과를 높일 수 있다. 연구자나 연구 기관은 대중적 영화 등을 통해 연구 주제에 대한 홍보 효과를 얻을 수 있고, 과학 기술의 발전에 기여할 수 있다. 나아가 과학적 논란거리에 대한 대중의 이해도를 높여 시민들의 정치적 참여를 제고할 수도 있다(Allgaier, 2017).

영화나 문학 작품에 등장하는 사이언티스트의 이미지는 어떨까? 보통 광기를 지닌 천재 남성 과학자라는 이미지가 강하다. 로슬린 하이네스Roslynn Haynes는 연구를 통해 문학과 영화 속 전통적인 과학자 이미지를 여섯 가지로 제시하였다. 즉 사회적 이상주의자, 무기력한 연구자, 영웅심이 강한 모험가, 비인간적 이성주의자, 정신 이상적 교수, 비범한 재능을 지닌 연구자 등이다(Allgaier, 2017). 하지만 21세기 대중문화에 반영되는 학자나 연구자 이미지는 긍정적이고 다양해졌다. 이들은 더 이상 프랑켄슈타인이나 반사회적인 미친 연구자가 아니다. 이를테면 수학자는 공감 능력의 소유자이거나, 학문에의 열정 대신 사업적 수완이 뛰어난 사람으로 묘사되기도 한다.

◎ 과학자와 대중적 소통

과학자와 대중 사이

일반적으로 대중은 과학 기술에 대해 알고 싶은 욕구나 동기가 강하지 않다. 대부분은 과학에 대한 경험이 없거나, 자기 삶과 동떨어진 분야이기 때문이다. 또한 과학이 어렵고 재미없었던 학창 시절의 기억 때문에 심리적 거부감이 크게 작용하기도 한다. 과학자에게는 매우 익숙한 전문 용어가 대중에겐 낯설게만 느껴지고, 의미도 다가오지 않는다. 과학자들이 일방적으로 자신의 의견이나 주장을 제시한다면 대중은 이를 무시하며, 나아가서는 거부하게 된다. 따라서 일방적인 대화 방식으로는 과학자와 대중의 공감적 소통이 이루어지기 어렵다.

그럼에도 과학과 사회는 함께 공존해야 한다. 이를 위해서는 일방적인 각자의 의견 제시가 아니라, 서로 열린 마음으로 상대방 의견을 경청, 이해하고 소통하여야 한다. 과학자와 대중의 대화에서 가장 중요한 것은 신뢰감이기 때문이다. 신뢰는 상대방과 서로 열린 마음으로 소통하는 과정을 통해 형성된다.

과학자들은 과학적 사실과 연구에 대해 과학적으로 사고하도록 훈련받은 집단이지만, 대중은 주관적 경험, 다른 사람의 의견이나 사회, 문화에 영향을 받고 생각하며 판단한다. 이러한 대중적 사고방식은 과학자도 예외는 아니다. 즉 과학자도 자신의 전문 분야를 제외하면 일반 대중으로서 똑같이 생각하고 판단한다. 따라서 대중과의 성공적 대화를 위해서는 대중적 사고를 이해해야 한다.

대중의 생각이나 의견을 파악하는 좋은 방법은 먼저 매스미디어를 기준으로 판단하는 것이다. 텔레비전이나 신문, 인터넷, 소셜 미디어 등을 보면 대중이 무엇에 관심을 두는지 알 수 있고, 동시에 대중의 눈높이를 가늠할 수도 있다. 이를테면 TV 드라마의 경우, 가장 많은 수용자가 공감할 수 있는 내용 수준을 기준으로 만들어진다. 이른바 시청률을 보면 어떤 프로그램이 인기를 끄는지, 어떤 계층이 관심을 보이는지 간접적으로 파악할 수 있다. 이를 기준으로 대중의 관심과 흥미를 가늠할 수 있다. 다른 한편으로 저널리즘 양식을 살펴보는 것도 유용하다. 특히 과학 또는 사이언스 저널리스트가 정보를 전달하는 방식, 정보의 난이도를 참고하면 유용하다. 신문이나 잡지도 구독률을 기준으로 평가받으므로 늘 대중적 취향에 민감하게 반응하기 때문이다.

대중과 소통하는 방법

학술 전문가들은 보통 과학적으로 서술된 학술 논문을 통해 소통한다. 즉 커뮤니케이터로서 어떤 현상에 대해 전문적, 과학적으로 연구하여 논문 초안을 작성하고 동료들과 연구 과정 및 결과에 관해 토론한 후 이를 수정 보완하여 전문 학술지에 완성된 논문을 발표한다. 논문은 전문 용어를 사용하며, 간단하고 정확하며 명료하게 작성한다. 이렇게 학술 연구자들은 연구 대상을 논문으로 완성하는 전통적인 방법에 대해 오랜 기간 교육받은 전문가들이다.

공중을 대상으로 한 사이언스 커뮤니케이션은 보통 학자, 연구자가 주도한다. 하지만 일반 대중은 이러한 학술 연구 분야에 대한 이해가 없어, 학술 연구자들의 소통 방식을 이해하지 못한다. 대중은 전문적인 소통 방식이 아닌, 경험에 따른 상식적이고 일상적인 소통 방식에 익숙하다. 이들과 대화하기 위해선 대중의 사고방식을 이해하고 공감하는 학술 연구자들의 자세가 필요하다.

또한 대화가 효과적으로 이루어지려면 몇 가지 일정한 전제 요건이 필요하다. 연구자는 연구 공동체 구성원을 대상으로 한 전문적인 소통에 익숙하다. 하지만 비전문가 집단인 대중이 대상일 경우 무엇을 전달할 것인지도 중요하지만 어떻게 이해할 수 있게 전달할 것인지도 매우 중요하다. 이를 고려하여 쾬네커Koenneker는 다음과 같이 네 가지 소통 기술을 제안하였다(Koenneker, 2017 참조).

첫째, 단순하게 표현하라. 우선 익숙한 개념을 사용하여 내용을 전달해야 한다. 또한 숫자를 사용하여 전모를 파악할 수 있게 하고, 내용을 정확하고 체계적으로 구성하는 것이 좋다.

둘째, 짧게 표현하라. 학술 논문처럼 논리적인 문장으로 표현하는 것은 피하고, 핵심만 전달하는 것이 좋다. 나아가 최소한의 단어와 짧은 문장으로 구성하는 것이 효과적이다. 그리고 중간중간 짧은 토막글을 삽입하여 이해도를 높이도록 작성하는 것도 좋다.

셋째, 생생하게 전달하라. 전문적 학술 지식은 어렵고 딱딱하므로, 그러한 느낌을 최소화하는 노력이 필요하다. 이를테면 명사보다는 동사를 사용하고, 수동적 문장보다 능동적 문장이 더 적절하다고 할 수 있다. 그 외에 생생한 사례를 들어 설명하고, 은유법을 사용하여 전달하면 더 효과적이다.

넷째, 체계적으로 표현하라. 전달하려는 주제를 이해시키기 위해서 우선 전모를 파악할 수 있도록 문장을 구성한다. 나아가 논리적으로 전체 내용을 구성하고 다시 몇 부분으로 나누어 설명하는 것이 효과적이다.

이상의 지침은 주로 대중적 소통에서 요구되는 효율적인 표현 방법에 관한 것이다. 이러한 관점과는 달리 대중적 소통에서 학술 전문가에게 요구되는 일반적 원칙으로 다음 세 가지를 주목할 필요가 있다(Carrada, 2006; 원종옥, 2007).

첫째, 대중의 주목을 끌어라.

대중과의 소통에서 학술 연구자들이 가장 어려워하는 것 중 하나는 주목을 끄는 것이다. 그 이유는 두 가지이다. 먼저 학술 연구자들이 일상적으로 행하는 연구 활동은 대중의 주목을 끄는 것과는 거리가 멀다. 연구 활동은 사실을 기초로 객관적이고 논리적인 방법으로 과정을 수행하여 유의미한 결과를 도출하는 것이 핵심이다. 이를 평가하는 기준도 동료 연구자들로 이루어진 학회에서 만들어진 가이드라인이다. 따라서 연구 활동은 비전문가인 대중적 평가와는 무관하다. 또한 학술 연구 분야는 대중과는 괴리된 세계이다. 흔히 상아탑으로 불리는 대학이 대표적인 연구자 세계다. 여기서는 외부 세계와 독립된 채 진리를 탐구하는 일에 전념하는 것이 본업이다. 따라서 연구자들은 대중의 주목을 끌고 이들과 소통하는 데 익숙하지 않다.

그럼에도 전문 지식을 대중에게 전달하기 위해서는 다른 방식, 즉 대중적 소통에 익숙해져야 한다. 대중이 먼저 연구자에게 다가오기보다는 연구자가 대중에게 다가가는 것이다. 문제는 과학 기술 등 특정 전문 분야에 대한 대중의 관심과 흥미가 적다는 사실이다. 이런 현실에도 불구하고 대중의 주목을 이끌어내는 것이 중요하다. 어떤 방법이 대중의 주목을 끌 수 있을까? 간단히 말하면 대중이 원하고 대중이 관심을 두는 것을 주제로 대화를 시도해야 한다. 예를 들어 대중과 공감할 수 있는 경험이나 일상적 사건을 사례로 드는 것이다.

둘째, 감성적으로 접근하라.

학자들은 대화할 때 보통 논리적으로 말한다. 특히 과학자들은 데이터를 중심으로 객관적이고 이성적으로 대화하곤 한다. 이는 학계나 동료 사이에서 당연하게 받아들여진다. 이러한 이성적이고 논리적인 대화는 오랜 전통으로 이어져 직업적으로 굳어져 있다. 하지만 대중과의 대화에서는 이런 관습이 권장될 수 없다. 대중은 이성적 대화보다는 감성적 소통에 더 익숙하기 때문이다. 다만 과학에 관한 대화라는 점에서 사실에 근거해야 할 필요는 있다. 이를 고려할 때 가장 좋은 대중과의 대화법은 연구자 자신의 경험이나 연구 과정, 지적 호기심 등을 감성적으로 대중과 공유하는 것이다. 이를 통해 연구자는 대중과의 신뢰를 형성할 수 있다. 대중과는 무엇보다 공감적 대화가 필요하다.

셋째, 스토리텔링으로 전달하라.

또 다른 문제는 어려운 과학을 어떻게 전달할 것인가이다. 어려운 학술 문제를 풀듯이 대화를 시도하면 대중은 외면하기 쉽다. 대신 이해하기 쉽고 자연스러운 이야기를 하듯이 전달하는 방법이 좋다. 이야기는 대중이 경험하지 못했던 것을 간접 경험하게 하는 방법이다. 또한 이야기는 단순한 사실의 나열이 아닌, 전달하려는 메시지를 일련의 사건으로 꾸며 구성된다. 여기서 이야기는 증명할 수 있는 사실이어야 한다는 점이 중요하다. 진실을 담은 스토리여야 대중에게 신뢰감을 주기 때문이다.

스토리텔링은 이야기 형식을 통해 대중의 상상력을 자극한다. 어려운 내용을 이야기 형식으로 전달하면 대중이 기억하기 쉽다. 다만 이야기를 통해 명확한 메시지를 전달해야 한다. 즉 사건을 연결하여 결론을 이끌어내고, 이를 다시 처음의 질문과 연관 지어 메시지를 명확하게 전달하는 것이 중요하다.

이상 서술한 커뮤니케이션 전략들은 효과적일 수 있지만, 사이언스 커뮤니케이션이 지닌 복합적 성격으로 인해 한계성을 내포한다고 할 수 있다. 특히 현대 사회의 학문 및 과학 기술의 다양성과 복잡성으로 인해 커뮤니케이션의 주제는 어느 한 연구 분야에 한정되지 않기 때문이다. 동시에 사이언스 커뮤니케이션은 여러 학문 또는 여러 학제 간 연구를 요구하는 통합적 현상이며, 따라서 특정 영역에 한정되는 학문 분야보다 이해시키는 데 더욱 어려움이 크다.

9장

사이언스 전문가 자문

일반적으로 대학교수로서 요구되는 역할은 크게 세 가지, 즉 연구, 교육, 봉사로 나뉜다. 이 세 가지는 전혀 다른 기능이 아니라 서로 긴밀하게 연결되어 있다. 즉 교수는 특정 전문 분야를 전공으로 하는 연구자이자 교육자 그리고 이를 사회에 전수하는 봉사자 역할을 요구받는다. 이 중에서 교육과 연구 기능은 대학에서 이루어지는 데 비해, 봉사 기능은 사회적 활동에 속한다. 교수의 다양한 외부 활동은 봉사 기능에 속하고 그 내용은 전문가로서의 자문 역할이다. 이러한 다양한 자문 활동은 곧 사이언스 커뮤니케이션의 일부다. 자문은 크게 정책 자문, 그리고 개발한 새로운 기술을 산업체에 전수하는 이노베이션 자문으로 구분할 수 있다.

정책 자문

고도로 분업화된 다원적 현대 사회에서 정치, 경제, 사회, 문화 등 다양한 사회 시스템은 전문 지식 및 과학 기술과 관련한 중요한 이슈에 대하여 전문가의 자문을 필요로 한다. 특히 정치적 통제와 관리는 전문가의 정책 자문에 의존하는 경향이 점점 강해지고 있으며, 이는 현대 사회가 과학적 합리성에 기반한 민주적 대의 제도로 유지 발전하는 것과 밀접하게 연관된다. 따라서 다양한 학문 분야 전문가에 의한 정책 자문은 중요한 역할을 하는데, 이러한 활동을 하는 집단을 '사이언스 커뮤니케이터science communicator'라고 할 수 있다.

예를 들면 새로운 대통령이 선출되면 곧바로 대통령직인수위원회가 발족되며, 여기에는 반드시 각 분야 전문가들이 주축으로 참여한다. 이들은 새 정부 정책의 기초가 되는 청사진을 제시하는 이론적, 실무적 자문 역할을 담당한다. 사이언스 커뮤니케이터로서 이들은 정책 결정자가 새로운 정책을 추진하도록 추천하거나, 정책적 행위 및 예상 결과에 관해 의견을 제시한다. 이러한 정책 자문이 요구되는 것은 복잡한 사회 시스템에서 정치가 현명하고 올바른 결정을 내리기 위해서는 반드시 전문 지식이 필요하기 때문이다. 더구나 현대 사회는 빠르게 변하고 학문과 과학 지식은 급성장하기 때문에, 특정 분야의 전문가가 아니면 현상을 파악하거나 결정을 내리기가 쉽지 않다. 이런 측면에서 정치는 늘 전문 지식을 필요로 하고 전문가에게 의존한다. 정치적 정당성이 점점 약해지는 최근 추세를 감안할 때, 중립적 정책 전문가의 자문 기능은 더욱 중요해질 것이라 할 수 있다.

전문가에 의한 자문 차원과 정책 담당자의 결정 차원은 명확하게 구분된다. 정책 자문의 목적은 사전에 정해진 정책 결정을 제시하는 것이 아니라, 앞으로 전개될 정책 결정 과정에 필요한 다양한 지식을 제공하는 것이다. 즉 자문은 이미 만들어진 해답을 제시하는 것이 아니라 해결 방안을 위한 다양한 논의 또는 논리를 제공하는 것이다. 따라서 자문가는 문제를 파악하고, 결정권자에게 배경지식을 제공하며, 나아가 해결 방안과 대안을 제공하는 역할을 한다. 이런 관점에서 정책 자문의 다양성 원칙, 즉 다양한 분야의 전문가에 의한 다양한 관점의 자문이 매우 중요하다고 할 수 있다.

정치적 맥락 차원에서 볼 때 학자, 전문가는 다음과 같은 역할을 하는 사람으로 인식되곤 한다(Weitze & Heckl, 2016). 첫째, 상아탑 속의 연구자로서 순수 학자의 이미지다. 즉 학자는 정치나 공중과 일정한 거리를 두고 연구 및 교육에 전념하는 사람을 지칭한다. 둘째, 학문 분야의 심판자로서의 평판이다. 학자는 정치와 학문을 엄격히 구분하여 인식하고, 자신의 전문 분야에 한하여 정치적 이슈에 소견을 제시한다. 셋째, 변호사와 같은 역할을 한다. 논란이 되는 이슈에 대해 특정 정치 집단의 이해관계를 대변하는 전문가로서의 역할이다. 순수한 의미에서는 학자로서 소신에 따른 것이지만, 때론 이른바 폴리페서polifessor처럼 자신의 소신과는 다른 정치적 행위를 할 수도 있다. 넷째, 명예로운 매개자로서 역할을 하는 이미지이다. 학자는 특정 정파적 이해를 떠나 명예를 지닌 전문가로서 양심에 따라 학문과 정치를 상호 연결하는 역할을 수행한다.

일반적으로 학문은 과학적 지식의 정확성과 객관성을 내포한 새로운 지식을 창조하는 진리 추구의 영역이란 속성을 지닌다. 이에 비해 정치는 권력을 쟁취하고 유지하는 목적을 추구하는 집단으로, 전략적 차원에서 결정을 내린다. 학문이 장시간 연구를 통한 결과로서 진리를 얻는 데 비해, 정치는 빠른 시간에 최적의 정책적 판단과 결정을 내려야 한다는 점이 다르다. 이런 차원에서 학자의 정책 자문은 학문 연구를 통해 얻은 전문 지식을 현실에 적용할 수 있는 판단과 결정에 따라 정치적 차원에서 쓰임새 있게 재구성하여 제시해야 하는 어려움이 있다. 단지 전문 지식만을 전수하는 자문이 아니라, 정치적으로 실행할 수 있는 적용 모델로 전환해 자문하는 능력이 요구되는 것이다. 다시 말해서 정책 자문은 학술 기반의 논리적 적합성과 잠재적 실천 가능성을 겸비한 대안을 제시할 수 있어야 한다.

따라서 정책 자문을 담당하는 전문가는 두 가지 역할을 수행한다고 볼 수 있다(Weitze & Heckl, 2016). 첫째는 전문 지식을 제공하는 역할이다. 학자와 연구자는 공중이나 미디어로부터 중요한 전문가로 인정받는다. 때론 자신의 세부적인 연구 방향이나 지론과의 일치 여부와 관련이 없는 분야일지라도, 포괄적인 의미에서 전문가로서 인정받기도 한다. 둘째는 전문가로서 전문 영역을 넘어 이해관계자로서의 역할이다. 예를 들어 원자력을 연구하는 전문가가 특정 정당의 정책을 지지하는 차원에서 원자력 발전소의 폐기 정책을 지지하거나, 반대로 옹호 정책을 지지하는 경우이다. 학문적 입장에서 원자력 발전은 장단점을 동시에 갖고 있지만, 이를 무시하고 특정 시각에서 정치적 이해관계를 대변하는 것이다. 이 경우 전문가는 이른바 폴리페서 역할을 하는 것으로, 내적 외적 비판에 직면할 수 있다.

이러한 환경에서 성공적인 자문의 성과를 얻기 위해서는 다음 세 가지가 요구된다(Renn, 2017). 첫째, 진리 추구 논쟁에서 합의를 이끌어내는 것이다. 합의를 형성하는 문제는 이른바 전문가 딜레마 Expert's Dilemma라고 알려진 주제와 관련되기도 한다. 과학적 전문성이 지닌 다의성은 종종 불안정성과 양면성 문제와 연결되어 있기 때문이다. 이러한 복잡하고 대립적인 견해들을 넘어서 합의를 이끌어낼 수 있는 자문이 성공적이라고 할 수 있다. 둘째, 현실적 정책에의 적용 가능성을 갖추어야 한다. 정책 자문은 무엇보다 이론적 차원을 넘어 현실 세계에서 실행할 수 있는 실용성을 내포해야 한다. 그렇지만 다수 정책 자문은 현실 정치와는 거리가 멀어서 실용성의 연결 고리가 약하다. 그럼에도 정책은 대부분 전문가의 자문에 따라 이루어지는 경우가 많다. 셋째, 정책적 정당성을 담보해야 한다. 정책 자문은 단지 정책 담당자의 이해를 위한 것이 아니라 공익의 실현과 연결된다. 따라서 정책 자문의 내용이나 제안은 제삼자도 이해할 수 있고 수용할 수 있어야 한다. 또한 효율적이고 공평하며 충분한 논의 과정을 거친 후, 법률적 규범 및 정치적 제안 등의 절차를 거쳐 수용되어야 한다.

전문가 판단의 네 가지 유형

한편 전문가의 의견이나 소신은 매우 다양하기에 어떤 현상에 관하여 모두가 같은 판단이 아닌 다른 판단을 내리게 된다. 어떤 사안을 판단하는 전문가의 유형은 네 가지로 나눌 수 있다(Renn, 2017).

첫 번째 전문가 유형은 실증적 결과와 학계 주류의 평가를 준수하는 타입이다. 이는 표준적인 전문가 유형으로 대다수의 전문가가 이런 기준에 따른다. 두 번째 유형은 실증적 결과를 기준으로 하지만 학계의 지배적 의견을 벗어나는 전문가 타입이다. 과학적 연구 결과를 중시하지만, 학계의 지배적 의견과는 다른 의견을 제시하는 유형이다. 이를테면 통상적인 기존 연구 자료가 아닌 또 다른 증거를 통해 새로운 연구 결과를 도출하고, 이를 기준으로 의견을 제시하는 경우이다. 셋째 유형은 실증적 결과를 기준으로 하지만, 전문가의 관례를 거부하고 새로운 해석을 제시하는 전문가다. 기존의 연구 결과를 존중하지만 새로운 관점이나 시각에서 재해석을 내리는 경우가 이에 해당한다. 넷째 유형은 실증적 결과도 학계의 지배적 견해에도 비판적인 전문가 타입이다. 이 경우는 과학적인 연구나 주류 전문가의 견해와는 거리가 있는 판단에 속한다.

이와 같이 다양한 유형이 존재하기 때문에, 전문가가 객관적인 입장에서 동일한 판단과 평가를 내릴 것이라는 선입관은 오류일 가능성이 크다. 이를 방지하기 위해서 다양한 전문가의 견해를 모아 논의하는 과정을 거쳐 합의를 도출하게 된다. 따라서 학문 연구에 있어서는 과학적인 방법과 결과뿐 아니라 연구자 사이의 상호 커뮤니케이션이 매우 중요하다고 할 수 있다.

한편 공공 기관이나 일정 규모 이상의 조직은 외부 전문가로 구성된 다양한 위원회를 설치하고 있다. 특히 정당이나 정부 부처는 정책 수립부터 결정 및 추진까지 전문가의 자문을 얻어 진행한다. 입법부의 조사위원회, 각종 청문회 활동 그리고 이들의 활동에 의한 결과보고서 등은 전문가의 활동과 역할을 보여 주는 대표적인 사례에 속한다. 예를 늘어 앞서 언급한 것처럼 1985년 영국 왕립협회는 과학기술에 대한 일반 시민의 이해를 제고하고자 연구 보고서 〈대중의 과학 이해〉를 출간하였고, 이는 당시 연구 책임자였던 생물학자 월터보드머 이름을 따서 일명 '보드머 보고서'라고도 불린다. 전문가의 권위가 그만큼 사회적으로 인정받는다는 것을 보여 주는 예라 할 수 있다.

과학기술위원회나 특정 분야의 연구자들로 구성된 학회 등도 전문가를 대표하는 집단이다. 어떤 특정 이슈가 사회적으로 논란이 될 경우 이들의 목소리는 중립적 입장에서 객관적으로 사안을 파악하는 기준이 되기도 한다. 이러한 위원회의 설치 운영을 통해 공공 기관은 해당 주제에 대한 주요 결정이나 정책 추진의 정당성을 확보하는 한편, 공정성과 타당성을 인정받는다.

하지만 정치와 학계는 몇 가지 원칙에 따라 일정한 거리를 유지하는 선에서 관계를 형성할 것이 요구된다(Weitze & Heckl, 2016). 첫째, 학문은 정치와 일정한 거리, 즉 독립성을 유지해야 한다. 거리를 유지하는 것은 정책 자문의 독립성을 의미하며, 학술적인 판단과 정치 집단의 정파적 이해가 뒤섞이지 않게 만든다. 이러한 독립성을 상실하면 정책 자문은 신뢰성을 잃고, 학문 고유의 역할 및 정당성도 상실하게 된다. 둘째, 자문에서 다양성을 유지해야 한다. 이는 자문 분야가 다양해야 하며, 또 다수 전문가로부터 폭넓게 자문을 받아야 함을 의미한다. 전문적으로 달리 표현하면 정책 결정 관점의 다양성, 학술적 이론의 다양성, 접근 방법론적 다양성을 의미한다. 이러한 다양성 원칙이 미흡할 경우에도 정책 자문은 객관적인 정확성과 전문 지식의 신뢰성을 상실한다. 셋째, 투명성을 유지해야 한다. 정책 결정의 투명성은 정책 자문 단계의 투명성을 전제한다. 즉 정책 자문의 투명성을 통해 정책 결정의 검증 가능성, 정책 과정의 신뢰성, 정책 논리의 정당성이 보장된다. 넷째, 공개성을 준수해야 한다. 이는 자문 관련 정보에 대한 접근이 평등하게 보장되어야 하며, 위원회 구성 및 자문 과정 그리고 자문 결과가 공개적으로 이루어져야 함을 뜻한다.

시민 사회 자문가

민주주의는 정치적 사안에 대한 시민들의 적극적인 참여를 통해 실현된다. 하지만 대의적 민주주의에서 국민이 직접적으로 광범위하게 정치적 결정에 참여하는 것은 매우 제한적일 수밖에 없다. 시민들은 투표권을 행사하는 데 그치거나 대표자에게 자신의 권리를 포괄적으로 위임하는 데 그친다. 하지만 대의적 민주주의에서 시민들의 의사를 대변, 반영하는 것은 전문가를 통해서도 가능하다. 전문가에 의한 평가는 객관적이고 정치적 결정에 중요한 역할을 하기 때문이다. 즉 이슈에 대한 전문가의 평가는 정치적 판단과 결정에 핵심적인 기준이 된다. 학자나 전문가는 정책 결정자에의 정책적 자문 역할뿐 아니라 시민 사회를 위한 전문가로서 자문 역할도 수행한다. 따라서 학술 연구자의 시민 사회에의 자문은 의미 있는 사이언스 커뮤니케이션의 기능에 해당한다.

전문가의 사회적 자문은 정치적 자문과는 달리 어떤 역할을 하는가? 우선 쟁점이 되는 사안에 대한 기본적인 정보를 제공하여 시민들의 이해를 높이는 기능을 한다. 또한 시민들의 이해관계를 대변한다. 자문가는 시민들과 공적으로 다양한 의견을 서로 교환하고, 나아가 시민들의 공적 접근 및 참여 권리를 실현할 수 있도록 노력한다. 이를 통해 특정 정치적 이해관계를 넘어 공익 관점에서 정치적 결정의 정당성을 강화할 수 있다. 민주 사회에서 국민 또는 시민 사회는 단지 수용자에 그치지 않는, 정치의 능동적 주체다. 따라서 각종 시민 단체, 노조, 교회 등 다양한 사회 집단 또는 공중 집단은 사회적 자문을 필요로 한다. 한편 매스미디어는 이들의 의사를 대변해 주는 매개자 역할에 충실한 공조자이기도 하다.

전문가의 정치적 자문과 비교할 경우, 전문가의 사회적 자문이 갖는 특성은 다음과 같이 정리할 수 있다(Weitze & Heckl, 2016).

첫째, 정당성 확보에 기여한다. 정치적 자문은 특정 정당의 이해관계를 위한 것으로 일반 시민의 참여나 동의를 구하기 어렵다. 예를 들어, 특정 정당의 선거 캠페인을 위한 자문은 시민의 참여 없이 이루어진다. 하지만 사회적 단체는 시민의 관심과 참여가 매우 중요하다. 따라서 이들 단체나 기관에서의 자문은 시민들의 참여를 높일 수 있는 주제나 이슈를 통해 시민 사회의 정당성을 확보하는 데 기여할 수 있다.

둘째, 의제 설정 기능에 기여한다. 정치적 자문 기능은 설득력이 강한 성격이지만, 그 역할은 정치 집단이 추구하는 목적에 부합하는 것에 한정된다. 이에 비해 시민들은 스스로 자신을 위한 정치적 자문 대상을 결정할 수 없다. 이는 민주 사회에서 매스미디어의 기능, 특히 의제 설정 기능을 통해 대신 이루어진다.

셋째, 공개성의 확장에 기여한다. 정치적 자문의 결과는 해당 정치 집단이 원하는 경우에만 공개된다. 연구 기관의 전문가 평가나 자문 결과도 민감한 사안일 경우 비공개로 제외되곤 한다. 이처럼 자문 의뢰 집단의 의사에 따라 자문 결과가 비밀로 비공개되는 것이 정치적 논리다. 이와 달리 사회적 자문은 정보를 공개하고 공적 논의 과정을 거쳐 이루어지는 공개성을 기반으로 한다.

넷째, 시민들의 정치 참여에 기여한다. 민주 사회는 국민의 직접적, 간접적 참여를 전제로 유지 발전한다. 시민들의 정치 참여도가 낮으면 불투명성이 커지고, 다양한 정보 제공과 활발한 논의도 이루어지기 어렵다. 따라서 전문가의 사회적 자문은 선거나 정당에의 시민 참여에 있어 중요한 역할을 한다.

◎ 기술 혁신 자문

이노베이션을 위한 기술 자문

일반적으로 과학 기술을 중심으로 하는 지식 기반 이노베이션은 경제 성장의 핵심 동력이다. 따라서 기업의 혁신은 경제적 성과와 성공을 위한 방편이 된다. 경제 산업 분야는 늘 이노베이션을 지향하며, 특히 오늘날 기업은 기술적 진보뿐 아니라 글로벌 시장의 무한 시장 경쟁에서 생존해야 하는 압박에 놓여 있다. 이러한 첨예한 경쟁 논리는 기술 및 제품의 생명 주기가 점점 짧아지는 효과를 낳으며, 이에 경쟁 우위를 유지할 수 있는 신기술과 신제품을 계속 만들어낼 필요성도 커진다. 따라서 기업 측면에서는 연구 기관의 기술 개발 및 기술 전수가 핵심적인 경쟁력이 된다. 이때 연구와 개발이라는 개념은 신기술을 개발하고 적용하는 두 가지 측면을 지칭한다. 연구 개발은 기업 자체 내에서 또는 제삼자에게 위탁하는 형태를 통한 지식 개발 활동을 포함한다.

기업이 경쟁 우위의 과학 기술 지식을 확보하기 위해선, 우선 자체적으로 기술 개발 전담 부서를 두고 운영하는 방법이 있다. 이는 기술 개발에 소요되는 재원이 막대하고, 경제적 합리성 측면에서 어려움이 크다. 그 때문에 거대 기업을 제외하면 전문 연구소를 운영하기가 쉽지 않다. 대신 오늘날 대다수 기업은 대학 등 연구 기관과 산학 협력을 통해 지식을 전수받는다. 특히 산학 협력은 학계와 기업 간의 긴밀한 커뮤니케이션을 통해 이루어지는 상호 윈-윈 관계다. 대학이나 연구 기관은 무엇보다 연구 개발에 필요한 재원이나 투자를 기업으로부터 받을 수 있다. 기업으로부터의 투자나 재정 지원은 독립적으로 운영되는 연구 기관의 운영 및 지속적 성장을 위한 필수적 요인이 되었다. 기업은 앞서 제시한 바와 같이 늘 이노베이션을 위한 신기술을 개발해야 한다.

이러한 학계와 기업 간의 커뮤니케이션은 두 가지 차원으로 정리할 수 있다. 첫째, 연구개발 관련 경제적 관점에서의 커뮤니케이션이다. 구체적으로 연구 기관은 연구 개발에 관한 홍보를 통해 기업과 소통하며, 기업은 기업 혁신을 위한 차원에서 연구 기관과 소통한다. 둘째, 기술 전수 차원에서 이루어지는 학계와 기업의 대화이다. 상호 산학 협력을 체결한 후에는 성공적인 기술 전수를 위한 구체적인 대화가 지속적으로 긴밀하게 이루어져야 하기 때문이다(Roettger, 2017).

산학 커뮤니케이션

기업은 단지 제품을 생산하는 역할에만 그치지 않고 새로운 제품을 개발하기 위해 끊임없이 과학 기술 연구를 수행한다. 이때 새로운 연구 프로젝트에 투자하고 그 결과를 발표하는가 하면, 신제품 특허에 대한 정보를 알리는 활동이 필요하다. 이는 기업으로선 이노베이션에 해당하는 것으로 홍보 또는 마케팅을 통해 공중에게 전달된다. 이노베이션 또는 혁신 대상에는 모든 신제품, 서비스 또는 기술 경영 과정 및 아이디어 등이 포함된다. 이들은 무엇보다 경제성이 있어야 하고, 사회적 수요를 기반으로 검증된 것이어야 한다. 이노베이션이 성공하려면 무엇보다 아이디어 제공자, 전문가, 이해관계자 사이의 소통이 중요하다.

대학 또는 연구 기관과 기업의 산학 협력은 이노베이션을 위한 사이언스 커뮤니케이션의 대표적 사례에 속한다. 국내 각 대학은 〈산업교육진흥 및 산학협력촉진에 관한 법률〉에 따라 2004년부터 산학 협력단을 설립하여 산업 부문과의 상호 협력을 통해 국가 발전을 도모하고 있다. 대학의 산학 협력은 인프라 및 제도 구축을 통해 우수한 지식 재산권을 창출하고 가치 있는 기술 사업화를 촉진하는 데 기여한다.

산학 협력의 주요 내용은 대학과 산업체 간 협력 사업, 대학의 정부 지자체 공공 기관의 사업 참여, 산업체와의 공동 기술 개발 및 기술 지도, 기술 이전 및 사업화 등이다. 이는 대학이 산업체와 긴밀하게 연계하여 수익 사업을 진행할 수 있는 합법적 기반이 된다. 다시 말하면 대학은 더 이상 연구 및 교육 중심으로 상아탑 속에 머무르지 않고 적극적으로 경제적 활동, 나아가 상업적 활동을 추구하는 주체로 변모하게 되었다. 산학 협력은 무엇보다 첨단 과학 기술의 연구 개발을 중심으로 이루어지기 때문이다.

대학과 기업체의 협력 관계는 새로운 것이 아니다. 이미 제2차 세계대전부터 시작된 미국 정부의 군사적 연구와 개발 투자는 종전 후에도 계속 이어졌다. 이에 따라 MIT 등 대학이 산업체와 결합하여 대규모 투자를 받으면서 대학의 상업화 현상이 시작되었다. 미국 정부도 대학 지원 연구비로 특허 연구를 할 수 있도록 허용함으로써 대학 상업화를 촉진하는 역할을 했다. 이런 상업화 현상으로 대학은 안정적 재정 확보, 첨단 연구 능력의 확대, 경제 성장에의 기여, 글로벌 경쟁에서 우위 점유 등 긍정적 효과를 기대할 수 있었다. 반면 대학의 독립성과 학문의 자율성이 훼손되고, 과학적 지식 생산의 주체로서 지닌 위상이 흔들리는가 하면, 공익에 기여하는 대학의 사명도 사라지는 결과가 나타났다(임경순, 2012).

이처럼 경제적 자문 역할로서 대학이 산업과 맺는 긴밀한 협력 관계는 실용적 기여라는 측면에서는 긍정적 효과가 크다. 하지만 반대급부로서 대학은 헌법에서 보장하는 학문의 자유를 위한 전당이란 역할은 잃게 될 위기를 맞이하고 있다. 더구나 과학 기술 분야 중심의 대학 상업화 현상은 기초 과학이나 인문학의 위기를 자초하는 결과로 이어지고 있다. 따라서 장차 산학 협력 활동은 지식과 학문의 공정한 중재자란 대학의 위상을 훼손하지 않는 차원에서 모색되어야 한다.

10장

사이언스 이슈와
커뮤니케이션

고도의 과학 기술 사회에서 해결해야 할 과제는 대부분 자연 현상 자체보다 기술화된 결과에 따른 것이 대다수를 차지한다. 즉 인공적 기술 시스템과 자연 시스템의 수많은 요인이 서로 상호 작용하면서 제기되는 예측 불가능한 복잡한 문제들이다. 과학적 지식을 통해 이러한 문제들의 해결을 시도하면 할수록, 자연 및 기술 시스템의 복잡성과 다양성은 더욱 가중되곤 한다. 이를테면 하나의 문제를 해결할 수 있는 지식을 찾으면 동시에 새로운 미지의 문제가 생기는 것이다. 예상치 못한 이런 문제들은 오늘날 과학 기술 발전이 극복하기 어려운 복잡성의 한계에 직면해 있음을 뜻한다. 이는 첨단 과학 기술 분야 전반의 공통적인 문제이기도 하다. 이 중 특히 사회적 차원의 과학 기술 문제는 무엇보다 위험 관점에서 논의의 대상이 되고 있다.

논쟁은 인간의 건강에 미치는 위험에서부터 자연환경 파괴에 따른 생태계 위기까지 광범위하게 전개되고 있다.

◎ 과학 기술 쟁점과 소통

생명공학 기술

먼저 최근 연구 개발이 가장 활발하게 이루어지는 학문 분야가 생명공학 기술이라는 점은 널리 알려진 사실이다. 국가 기관 또는 민간 부문을 가리지 않고 엄청난 연구비를 투자하고 있으며, 대학 및 연구 기관에 수많은 인재가 몰려들어 광범위한 연구를 진행하고 있다. 생명공학 기술 개발과 관련된 쟁점은 무엇보다 윤리적 문제로 귀결한다. 대표적으로 인간 유전학 연구를 들 수 있다. 인간 복제를 가능하게 하는 유전자 연구는 보편적 인간 윤리에서 벗어나는 것으로 금지되어 있지만, 인간 복제의 가능성은 늘 상존한다. 그리고 인간 배아를 생명공학 연구에 사용하는 것을 허용할 것인지, 또는 인간 배아의 유전자를 변형시켜 조작하는 것을 어떻게 받아들일 것인지 등은 중요한 윤리적 판단의 문제에 속한다. 이들은 장기 생산을 위해 인간 배아를 상품처럼 취급하거나, 복제 아기의 경우처럼 인간을 실험 연구에 포함시킬 수도 있다. 이와 관련하여 파생되는 또 다른 문제는 생명과학 기술의 특허 문제다. 즉 생명을 대상으로 상업적 이윤을 추구하기 위한 배타적 권리를 부여하는 것이 옳은 것인가? 난치병을 치료하고 유전자 결함을 치료하기 위해 넘지 말아야 할 윤리적 금기를 깨는 것은 옳은 일인가?

인간 외의 유전학적 생명공학 연구는 생물 분야에서도 논란의 대상이다. 유전자 조작 식물의 생산에 대한 쟁점은 널리 알려져 있다. 서로 다른 생물종 사이에 유전자를 이전하여 변형시키는 기술로 생산량 증대를 기대할 수 있지만, 이로 인해 새로운 전염병을 유발하는 바이러스가 확산될 수도 있다. 또 식량 생산에 있어 관련 특허를 소유한 기업의 통제권이 커질 수도 있다. 그 외에 생물학적 공학 연구는 생물학적 무기를 생산하는 데 이용될 수 있다. 이는 인간의 건강과 행복을 위한 연구와는 정반대로 파괴적 결과를 초래할 수 있다. 하지만 다수의 중요한 연구 개발이 처음에 군사적 목적으로 시작되었다는 점을 생각하면 그리 놀랄 일도 아니다. 핵무기나 화학 무기 등, 전쟁을 위한 인간 살상용 연구 개발과 인류의 건강과 평화를 위한 연구 개발은 동전의 앞뒤 관계와 같이 밀접하게 연관되어 있다.

원자력 발전 쟁점

원자력을 둘러싼 쟁점은 핵무기 개발 문제, 그리고 에너지원으로서의 원자력 발전소 건설 문제라고 할 수 있다. 핵무기 개발과 관련해서는 현재 미국, 소련, 중국 등 강대국이 관련 무기를 다량 보유한 가운데, 추가적인 개발은 그 자체를 엄격히 규제하는 쪽으로 의견이 모여 있다. 반면 에너지 생산을 위한 원자력 발전소의 건설과 가동 문제는 찬반 여론이 갈리는 상황이다. 따라서 과학계와 여론의 쟁점도 원자력 발전을 중심으로 이루어지고 있다.

먼저 원전 찬성론자들은 원자력 발전이 에너지를 경제적으로 대량 공급할 수 있다는 점을 지적한다. 경제 성장과 에너지 공급이 밀접한 연관성을 갖는다는 점에서 이는 중요하다. 더구나 탄소 중립을 실현하려면 화석 연료를 대체하는 에너지원이 꼭 필요한데, 우라늄을 원료로 하는 원자력 발전은 이산화탄소 오염 물질을 배출하지 않는 대체 에너지원으로서 관심을 끌기도 한다. 최근에는 친환경 에너지로 탄소 중립을 실현하기 위한 현실적 대안으로 제시되기도 한다.

그러나 원자력 발전을 둘러싼 쟁점은 에너지 공급 차원에서의 원전 정책보다는 원자력 발전 시스템의 근본적인 문제와 관련이 있다. 첫째는 방사능 오염 물질의 발생 문제, 둘째는 핵폐기물 처리 문제로 환경 오염 및 생태계 파괴 위험이 크다는 점이다. 원자력 발전은 방사선 누출 위험성이 늘 존재한다. 우라늄 원료를 채광하고 정제하는 과정, 나아가 에너지를 생산하고 폐기물을 처리하는 과정까지 방사능 오염 위험이 항상 존재한다. 몸에 흡수된 인공 방사선은 배출되지 않고 축적되어 세포를 변형시키며, 암이나 유전적 장애를 일으킬 수 있다. 특히 방사선 유출 사고 시 사람과 동식물에게 치명적인 대참사로 이어질 위험성을 안고 있다.

실제로 인류는 몇 차례에 걸쳐 원전이 엄청난 파괴력을 지닌 매우 위험한 첨단 기술임을 체험했다. 1986년 체르노빌 사고 당시 수만 명이 사망했고, 수십 년 동안 후속 피해가 이어졌다. 방사능 오염수가 유출된 후쿠시마 원전 사고(2011년)가 발생하고 2년 후에도, 태평양에서 대량의 방사성 물질이 배출되고 있다는 조사 결과가 나왔다. 또한 핵연료가 발전소 외부로 새어 나와 방사성 물질이 주변에 퍼지는 멜트 아웃melt-out 현상에 대한 우려도 제기된다. 그 밖에도 다른 에너지원과는 달리 원자력 에너지는 물질의 내부 구조를 변형해 생산하는 에너지로 지구 에너지의 총량을 인위적으로 증가시킨다는 의견도 제시되었다. 이에 따라 지구 온도의 평형이 깨지고 기후 변화가 발생하는 등, 환경 파괴를 초래할 수 있다는 것이다.

원자력 발전을 둘러싼 쟁점과 정책을 과학자나 정부가 일방적으로 주도하는 것은 아니다. 오히려 그것은 시민 단체를 중심으로 한 공중의 적극적인 참여와 소통을 바탕으로 전개된다. 소통의 중심에서 상반된 입장의 이해 당사자 간 치열한 논쟁이 지속되고 있다. 실례로 후쿠시마 방사성 물질이 한반도로 유입될 수 있다는 문제가 제기되자 정부 측은 유출된 방사선량이 미세한 수준이라 안전에는 문제가 없을 것이라 발표했다. 그러나 환경 단체와 일부 전문가는 소량의 방사선에 노출되더라도 암에 걸릴 수 있다는 과학적 근거를 제시하였다.

현재 원자력 발전을 둘러싼 세계 여론은 팽팽하게 양분되어 있다. 유럽 주요 국가를 중심으로 탈원전 정책이 추진되고 있으며, 독일은 2022년 17개 원전 운용을 전면 중단하였다. 우리나라도 '대한민국 2050 탄소중립 추진 전략'에서 에너지 정책 패러다임의 전환 차원으로서 탈원전 정책을 제시한 바 있다. 문제는 탈원전을 추진하면 막대한 에너지 공급 불균형이 발생한다는 점이다. 2021년 기준 우리나라의 화석 연료와 원전 에너지 의존율을 합하면 약 60%에 이르는데, 신재생 에너지 발전의 설비 비율은 채 20%도 되지 않기 때문이다.

원자력 발전은 폐기하지 않는 한 늘 통제와 관리가 요구되는 고위험 기술이다. 원자력 정책의 거버넌스는 크게 두 가지 패러다임으로 나눌 수 있다. 하나는 기술 관료적 패러다임이다. 전문가와 관료가 원자력 발전 정책을 결정하고 통제 및 관리하는 폐쇄적 시스템이다. 전문 지식을 바탕으로 한 정책 결정과 추진의 효율성이 장점이지만, 이해관계자 및 일반 시민과 소통하지 못하는 폐쇄성이 한계이다. 또 하나의 유형은 민주적 패러다임이다. 이는 전문가, 이해관계자, 일반 시민이 참여하는 거버넌스를 지향한다. 무엇보다 전 구성원의 동의와 참여를 통해 잠재적 위험을 최소화하고 안전성을 높일 수 있다. 다만 의사 결정 및 정책 추진 과정에서 전문성과 효율성이 떨어질 수 있다. 우리는 어떤 패러다임을 지향해야 할 것인가?

환경 문제

학문 또는 과학 기술과 환경 문제의 연관성은 근대 과학 기술의 발전과 더불어 생겨났다. 인간에게 유익한 지식과 기술을 제공하기 위한 근대적 실험 과학은 자연을 인위적으로 조작하였고, 환경 파괴라는 심각한 결과를 초래하였다. 불과 몇십 년 전까지만 해도 환경은 그냥 주어진 자연적인 것으로, 심각하게 생각하거나 연구할 대상이 아니었다. 하지만 인류는 역사의 눈부신 발전과 문명이 주어진 자연환경 내에서 일궈낸 것임을 깨닫게 되었다. 환경의 역습은 인류 문명의 발전에 급브레이크를 거는 것은 물론, 지구 공동체를 파괴할 위기 감을 불러일으키고 있다. 첨단 과학 기술을 기반으로 한 인간의 문명이 환경 위기 앞에 발목 잡힌 것이다. 이제는 온갖 첨단 과학 기술을 동원하여 자연환경을 보호하는 연구에 전념해야 하는 상황이다.

환경 위기의 징후로는 폭염이나 한파, 수해 혹은 가뭄, 지구 온난화 등의 기후 변화와 대기 오염, 수질 오염 등 각종 오염 현상을 꼽을 수 있다. 그 원인은 무엇보다 산업화로 인한 근대 과학 기술 문명이다. 즉 이는 자연적 현상이 아니라 인간의 인위적 행위가 불러온 결과다. 인간의 인위적 행위가 자연의 질서를 훼손하는 상황에까지 다다른 것이다. 이에 대해 과학 기술을 이용한 문제 해결 또는 생태학적 관점의 해결 방안이 제시되곤 한다. 생태학적 접근은 자연환경의 부하를 줄이기 위해 인간 삶의 패러다임을 전환하는 것이다. 두 해결책의 공통점은 어떤 방법을 선택하더라도 전 인류 공동체가 함께 고민하고 해결책을 모색하며 실천해야 한다는 점이다. 이를 위해서는 무엇보다 먼저 커뮤니케이션이 중요하다는 사실을 깨달을 필요가 있다. 사이언스 커뮤니케이션은 하나의 하부 시스템 차원의 해결 방안에 속한다고 할 수 있다. 자연환경 문제를 거시적 차원에서 해결하는 것은 아니지만, 그 문제의 원인인 과학 기술 활동에 관한 소통을 다루기 때문이다. 사이언스 커뮤니케이션은 학문 또는 과학 기술과 관련한 분야에서의 연구 및 실천 과정에서 모든 이해 당사자가 함께 소통하는 것이다.

나노 기술

1990년대 등장한 나노 기술nanotechnology 역시 사회에 미치는 영향력이 지대한 첨단 과학 기술이다. 나노 기술이란 원자나 분자 수준에서 초미세 물질을 생산하고 조작하는 기술을 의미하는데, 여기서 나노nano는 10억분의 1이라는 뜻이다. 보통 나노 기술은 크기 단위로 나노미터(nm)를 사용하는데, 사람 머리카락 두께가 5만 나노미터라는 점을 생각하면 상상하기 어려운 극미세 신물질 소재 개발에 속한다. 나노 기술을 이용하면 각설탕 크기에 미국 의회 도서관 자료를 모두 저장할 수 있다. 나노 기술을 활용하면 자연계에 없는 새로운 합성 물질을 만들거나, 원자 분자 수준에서 새로운 구조물을 만들고 가공하는 것이 가능하다.

나노 기술과 관련한 쟁점은 크게 두 가지를 꼽을 수 있다. 첫째, 나노 기술이 환경에 미치는 영향에 대한 논란이다. 긍정적 관점에서는 나노 기술이 신물질을 만들어내고, 기존 물질을 나노 수준으로 변환시켜 자원의 효율을 높임으로써 궁극적으로 환경에 기여하는 기술이라고 주장한다. 예를 들어 폐기물 처리 과정에 나노 수준 필터를 도입하면 기존의 기술로는 불가능했던 오염 물질을 분해하거나 정화할 수 있다. 전자 제품이나 자동차에 사용하는 소재를 나노 기술로 전환하면, 소모품의 내구성을 높이거나 성능을 제고할 수도 있다. 하지만 비판적 관점에서는 나노 입자, 나노 소자 등 통제가 불가능한 초미세 인공 물질로 인해 인체와 환경에 커다란 문제가 발생할 수도 있다고 경고한다. 극단적으로 통제를 벗어난 나노 기계가 자기 복제를 거듭하여 모든 것을 집어삼키고, 지구 생태계를 회색 점액질로 바꿔버릴 가능성이 있다고 주장하기도 한다.

둘째, 나노 기술이 사람에게 미치는 영향에 관한 논란이다. 긍정적 관점에서는 나노 로봇을 이용하여 인체 내부의 질병을 치료하거나 노화를 방지할 수 있다는 기대감을 제시한다. 나노 로봇은 암세포를 파괴하거나 뇌 속 노폐물을 제거할 수 있고, 체내에 침투한 바이러스를 찾아내 없앨 수도 있다. 반면 부정적 관점에서는 환경에 퍼진 나노 물질이 인체 내로 유입되어 질병을 유발할 수 있다고 주장한다. 초미세 나노 입자는 세포를 관통할 수 있고, 유해한 물질과 결합하여 인체에 침투할 경우 심각한 문제를 일으킬 수 있다. 실제로 나노 기술은 화장품이나 선크림에 사용되고 있는데, 그것이 인체에 어떤 영향을 미치는지는 전혀 파악하지 못하고 있다(이영희, 2011).

위험사회론

이상에서 살펴본 과학의 논쟁적 문제들은 무엇보다 탈 정상과학의 위험성을 보여 주는 사례들이다. 독일의 사회학자 울리히 벡Ulrich Beck은 이러한 현대 사회의 모습을 위험사회risk society로 규정했다. 위험사회란 근대 기계 문명의 시스템 자체가 지닌 복잡성과 관료제가 결합하여 나타난, 위험이 늘 내재하는 사회를 뜻한다. 위험은 과학 기술과 경제적 요소가 복합적으로 작용하여 나타난 현상으로서, 현대 사회의 결정 시스템에서 파생한 산물이다. 자연적 재해를 제외한 재난의 발생은 인위적인 재해에서 비롯되는데, 제도화된 위험이 상존하는 산업 사회는 잠재적 재난의 발생 가능성이 매우 높다. 이러한 위험은 미리 예방하거나 근본적으로 해결하는 것이 불가능하다. 단지 재난에 대비하고 재난 발생 시 매뉴얼을 통해 위기를 관리하는 수준의 대책이 최선이라고 할 수 있다(Ruhrmann & Guenther, 2017).

울리히 벡이 제시하는 위험의 유형은 몇 가지로 구분할 수 있다(홍성욱, 2016). 첫째, 방사능이나 기후 변화 등 환경 위험. 둘째, 먹거리, 교통 등 생활 양식의 위험. 셋째, 의약품과 수술 등 의료적 위험. 넷째, 결혼과 부모 역할 등 사회관계의 위험. 다섯째, 실직, 파산 등 경제적 위험. 여섯째, 강도나 폭력 등 범죄 위험. 제시된 이 위험들은 근본적으로 예방하거나 회피하기 어렵고, 늘 누구에게나 닥칠 수 있는 잠재성을 지닌다.

따라서 울리히 벡은 위험사회의 위험을 무엇보다 비가시적이고 만성적이라고 보았다. 또한 그것은 보편적으로 편재되며, 불확실성이 매우 높다. 이는 전 지구적으로 네트워크화 되어 있고, 복잡한 과학 기술과 연관되어 있어 사고의 원인이 무엇인지 파악하기도 어렵다. 따라서 위험은 사회 시스템적 원인에 의해 발생할 개연성이 높지만, 실상 위험이 발생하면 그것은 개인의 책임으로 전가되곤 한다. 실제로 사고가 났을 때 누구에게 책임이 있는지는 불분명한 경우가 다반사이다. 그 밖에 위험을 예방하는 것도 원칙적으로 불가능한데, 위험을 줄이기 위한 과학 기술이 다시 새로운 위험을 낳는 악순환이 되풀이되기 때문이다. 그에 대한 분석 역시 전문가들이 독점하므로, 공중의 불신과 불안감이 더욱 증폭되곤 한다(Beck, 1997).

잠재적 위험을 내포하는 복잡한 과학 기술 시스템의 안전성에 관한 견해는 대체로 두 가지로 구분된다. 먼저 낙관적 관점의 견해는 정교한 통제 시스템과 예방 조치를 통해 위험한 기술을 안정적으로 관리할 수 있다고 본다. 방사선 누출 위험성이 있는 원자력 발전 시설이나 인간 생명 복제의 위험성을 제기하는 생명공학 연구를 사례로 들 수 있다. 이는 주로 정부나 정책 담당자, 과학자 관점에서 제시되곤 한다. 반면 비판적 관점의 견해는 복잡한 시스템이 유발하는 사고의 위험성을 피하기 어렵다고 본다. 따라서 경제성과 성장을 위해 첨단 과학 기술을 도입하는 정책에 대하여 반성하고 성찰할 것을 요구한다. 주로 위험사회론자들의 견해이자 시민 단체들이 제기하는 주장에 속한다.

위험과 관련한 진실은 전문가 판단이나 매스미디어의 매개적 역할을 통해 밝혀지는 것이 아니다. 오히려 다양한 행위자 사이의 커뮤니케이션을 통해 구성된다고 할 수 있다. 과학적 지식과 진실은 이러한 과정을 통해 인정될 수도, 바뀔 수도, 거부될 수도 있다. 특히 위험 관리와 정책을 위해서는 전문가뿐 아니라 시민의 참여가 필요하다. 위험에 관한 소통은 효율적인 규칙보다는 다양하고 복잡한 과정을 거쳐 이루어진다. 대화적 소통, 수평적 소통, 타협적 소통은 바로 이런 면에서 요구된다. 즉 대화나 타협은 진리를 위한 합리적 소통을 지향하기보다는 다양성과 차이의 인정을 통한 공동체의 유대를 지향한다(원용진, 2011).

◎ 과학 정책의 소통 유형

위에서 살펴본 바와 같이, 중요한 사회적 논쟁이 되는 과학 기술 문제들은 쉽게 해소될 수 없는, 위험사회에 내재하는 현상이다. 이러한 논쟁 자체보다는 위험을 줄이고 해결하기 위한 소통 과정이 더욱 중요하다. 이와 관련한 정책 결정에서의 소통 방식은 크게 세 가지, 즉 일원적 소통, 이원적 소통, 다원적 소통으로 구분할 수 있다.

먼저 일원적 소통은 전달자, 정책 결정자 주도로 이루어지는 일방적 소통이다. 여기서 정책 결정은 과학적 근거를 토대로 합리적으로 이루어지는 것이 아니다. 관련 정보를 이해 당사자와 공중에게 충분하게 알리지 않는 비공개와 기밀주의가 지배하며, 전문가 자문이나 여론 반영보다는 정책 결정자의 일방적 권위가 결정적인 영향력을 행사한다. 따라서 과학 기술 전문가, 일반 대중, 정책 결정자를 비롯한 이해 당사자 사이의 소통은 무시되거나 이루어지기 어렵다. 대신 정책 결정자와 견해를 같이하는 일부 과학자나 전문가의 비공식적 자문만이 존재하게 된다. 소통 주체와 객체가 분리되고, 수용자는 단지 수동적으로 정보를 받아들이는 객체로 전락한다. 과거 권위주의 정부에서 추진하던 과학 기술 정책들이 대표적으로 이에 속한다고 할 수 있다.

둘째, 이원적 소통 방식을 통한 정책 결정이다. 일방적 소통과는 달리 이 모델에서는 전문가 집단의 자문이 중요한 역할을 하며, 합리적인 의사 결정 형식을 취하게 된다. 하지만 이때의 전문가 자문은 이원화된다는 특징이 있다. 즉 전문가들은 논쟁적 사안에 대해 찬성과 반대, 위험과 안전 등 상반되는 견해를 제시하곤 한다. 예를 들면 원자력 발전소 운영에 찬성하거나 반대하는 전문가들의 의견이 양분되는 것, 특정 화학 물질 사용이 인체에 치명적이라는 의견과 안전하다는 의견을 각각 제시하는 경우 등을 들 수 있다.

이러한 상반되는 의견은 이슈에 관한 논쟁을 통해서는 해소하기 어렵고, 정책 결정자의 정치적 결정에 따라 판가름 나는 경우가 많다. 그럴 경우 논쟁이 되는 이슈는 과학적 논쟁을 넘어 정치적 논쟁이 되곤 한다. 언론 등을 통해 공중도 충분한 정보를 접할 수 있고 여론을 통해 의견을 표출할 수도 있으며, 여론조사나 공청회, 시민 대표단 등 공중의 의사를 반영할 장치도 존재하지만, 정책 결정자의 의지를 거스르는 결과를 이끌어내기는 어렵다. 이명박 정부에서 추진했던 4대강 사업을 생각해 보면 쉽게 이해할 수 있다. 논란이 지속되었던 그 사업은 결국 정책 결정자의 의지대로 실행되었다. 원자력 발전소 신설 및 가동 이슈 역시 과학적 관점에서 상이한 판단이 팽팽함에도, 정치 권력의 지향점에 따라 찬성 또는 반대 의견이 수용된다.

셋째, 다원적 소통 모델이다. 다원적 소통은 앞서 서술한 이원적 모델에 공중의 적극적 역할이 추가되어 정책 결정에 참여하는 모델이라고 할 수 있다. 즉 궁극적인 판단자가 정책 결정자였던 이원적 모델과 달리, 다원적 모델은 공중이 함께 참여하며 의사 결정을 수행한다. 전자에서는 자문가 집단과 정책 결정자가 핵심적 역할을 하는 데 비해, 후자에서는 제3의 집단인 공중이 함께 참여하고 결정하는 역할을 맡는다.

이원적 소통 모델에서 전문가 집단은 과학적 지식을 토대로 논쟁의 향배를 가르는 역할을 하지만, 결정자 역할에서는 배제된다. 따라서 정부, 정책 담당자 등이 단독으로 결정 주체로서 기능할 수 있었다. 극단적인 경우 그것은 일원적 모델에 다양한 자문 의견을 추가하고 여론과 공중의 동의를 구하는 모양새만 갖추는 형식에 그칠 수도 있다. 반면에 다원적 모델에서 제3의 집단인 공중은 실질적인 참여권과 결정권을 행사한다. 예를 들면 합의 회의나 정책 결정 위원회에 시민 대표단을 파견하여 결정 과정에 참여하는 것이 가능하다.

이때의 정책 담당자는 관리자 역할에 그치는 것이 이상적이다. 물론 이러한 단계까지 승화 실천하는 것은 현실적으로 쉽지 않다. 최근 유럽 국가를 중심으로 다원적 소통 모델을 실현하기 위한 다양한 시도가 이어지고 있는 점은 주목할 만하다.

과학 논쟁의 합리적 해결 방안

과학적 지식에 입각한 견해나 해석은 옳고 그름 가운데 어느 하나로 귀결되지 않는다. 여러 가지 해석과 의견이 경합하고, 이에 따라 해결 방안 역시 다양할 수 있다. 하지만 논쟁에 참여하는 과학자들은 종종 자기의 주장만이 옳고 상대방의 주장은 비과학적이라고 비판하기도 한다. 예를 들어 방사능 위험에 관한 논쟁은 1950년대부터 2011년 후쿠시마 원전 사고 이후까지 지속되고 있다. 1954년 태평양에서 이루어진 미국 핵실험으로 약 300여 명이 방사성 낙진에 피폭되는 사고가 발생했다. 당시 한 유전학자는 방사선 피폭량이 적더라도 유전학적 변이가 일어나 피해 당사자와 후손들에게 이어질 수 있으며, 이에 따라 많은 사람이 생물학적 피해를 입을 수 있다고 경고했다. 반면 미국 원자력위원회는 핵실험에 따른 방사선 피폭의 양이 매우 적어 건강에 피해를 주지 않는다고 주장했다.

이런 상황에서 우리는 보통 그중 어느 견해가 맞는지 또는 틀렸는지 생각하곤 한다. 하지만 양측 전문가의 주장은 모두 과학적 지식을 토대로 한다. 다만 그들이 서로 다른 분과 학문 영역에 속하기 때문에, 각 주장의 과학적 근거가 서로 다른 분야에 기반하기 때문에 견해 차이가 발생한 것이다. 유전학자는 동물을 이용한 실험 결과를 토대로 방사선이 인체에 미치는 유전학적 영향을 평가했다. 원자력위원회는 그처럼 동물 연구를 토대로 인체에 미치는 방사선 피해를 유추하는 것을 인정하지 않았고, 따라서 방사선의 유전적 영향에 관한 과학적 근거를 찾지 못했다. 유전학적 연구자와 인체 병리학적 연구자의 과학적 연구의 차이, 그로 인한 연구 결과의 차이가 논쟁을 불러일으킨 것이다.

이처럼 과학적 논쟁에는 일반적인 상식 차원에서 이해하기 힘든 복잡한 문제가 서로 얽혀 있다. 보통 과학은 합의된 지식으로 이루어져 있으므로 특정 논쟁에 대한 해답을 제시할 것이라는 생각이 일반적이다. 하지만 과학의 논쟁은 늘 현재 진행형이며, 이를 통해 끊임없이 발전한다는 사실을 기억할 필요가 있다.

그럼에도 과학적 논쟁을 넘어서 과학 기술 정책 문제를 어떻게 해결할 것인가란 질문은 여전히 남는다. 우선 합의된 과학적 진리를 끌어내기가 어렵다는 사실을 받아들여야 한다. 더 중요한 것은 설령 과학적 지식에 대해 합의하더라도, 그러한 합리성에 기반한 방안으로는 문제를 해결하기 어렵다는 점이다. 줄기세포를 비롯한 생명과학 문제, 지구 온난화와 같은 환경 및 생태계 파괴 문제 등, 첨단 과학기술 연구에서 파생된 논쟁들은 이른바 탈 정상과학post-normal science 또는 위험 과학risk science에 속해 있다.

탈 정상과학은 1992년 제롬 라베츠Jerome Ravetz와 실비오 펀토위츠 Sivio Puntowicz가 제시한 개념으로, 불확실성이 매우 큰 논쟁적인 과학 영역을 지칭한다. 이는 토머스 쿤Thomas Kuhn이 《과학혁명의 구조The Structure of Scientific Revolutions》에서 언급한 정상과학 단계를 넘어서는 과학 영역을 의미한다. 탈 정상과학은 증거가 될 과학적 사실이 매우 불확실하며 가치 판단에 대한 논쟁이 끝없이 이어진다. 나아가 그 불확실성은 과학에 국한되기보다는 제도적이고 사회 문화적 요소와 연관된 복합적 성격을 지닌다. 또한 사회 전반에 미치는 영향이 매우 크고 누적적이기 때문에, 신속한 결정을 필요로 한다.

이러한 위험과학 이슈를 해결하는 것은 관련 과학적 지식의 옳고 그름이 아니다. 대신 논쟁과 관련한 과학적 증거들이 충분한지, 그리고 이와 관련된 논증이 적절한지가 평가의 기준이 된다(홍성욱, 현재완, 2016).

논쟁적 이슈의 이상적 소통

결국 논쟁적 주제에 관한 이해 당사자들의 진정한 소통과 합리적 의사 결정이 중요하다. 통상 기술적 문제는 응용 과학 수준에서 해결할 수 있고, 그 이상 단계에 속하는 정상과학의 문제들은 전문가 자문을 통해 해결할 수 있다. 하지만 불확실성이 매우 큰 탈 정상과학 문제의 해결 주체는 과학자 집단을 넘어선다. 과학 전문가뿐만 아니라 모든 이해관계 집단과 공중을 포함한 공동체가 주체가 된다. 과학 기술의 기술적 불확실성이나 방법론적 불확실성은 전문가 차원에서 해소할 수 있지만, 탈 정상과학에서 출현하는 인식론적 불확실성 epistemological uncertainty은 아무도 알 수 없는 무지의 문제에 속한다. 복잡계 시스템의 불확실성, 과학적 탐구와 지식에 포함되지 않는 무지의 영역, 구성원의 불안감 등이 이에 해당한다. 이러한 문제들은 과학적 사실뿐 아니라 이해집단 및 공중의 경험과 의사를 아우르는 정당성 차원에서 해결책을 모색할 것을 요구한다. 즉 과학적 소통을 넘어서 전 사회적 차원의 대화와 설득, 타협을 위한 커뮤니케이션 과정이 필수적이다.

첨단 과학 기술과 관련된 이슈의 의사 결정에서는 다음과 같은 사실에 주목해야 한다. "과학적 문제와 관련된 논쟁은 과학 대 비과학, 옳은 과학 대 틀린 과학, 합리성 대 비합리성의 대결이 아니다. 대개 과학논쟁은 과학 전문가 대 과학 전문가의 대결이자, 과학적 증거에 대한 서로 다른 해석과 가정의 충돌이다."(현재완, 2016: 358) 이슈가 되는 과학 기술 주제의 의사 결정 소통은 무엇보다 과학적 증거와 전문가의 논증에 대한 인식을 필요로 한다는 것이다. 이는 과학 전문가는 물론 의사 결정에 참여하는 전 사회 구성원이 공유하여야 한다. 논쟁의 대상인 이슈는 전 사회적 문제이고, 다원적 소통 과정을 통해 의사를 결정해야 하기 때문이다. 그것은 전문가 집단 차원에 한정될 수 없는 복잡성을 내포하는 것으로, 과학적 지식만이 아니라 다양한 경험과 지혜를 함께 모아서 해결책을 찾아야 한다. 그러기 위해 매스미디어를 통한 공론화 과정, 합의 회의 등 이해 당사자들의 다양한 의견 수렴, 위원회 등 제도적 장치를 활용한 커뮤니케이션 과정이 필요하다.

이를 통해 이상적인 소통 모델은 특정 집단이 주도하기보다는 전 사회적 공동체에 의해 나타난다고 할 수 있다. 전문가 공동체에 의한 결정은 과학적 수준에 그치고, 정치 권력 집단에 의한 판단은 정치적 이해관계에 좌우되며, 경제적 집단의 견해는 이윤을 추구하는 것으로 귀결할 수 있기 때문이다. 물론 다원적 의사소통 모델에 따를 시 의사 결정에 질적 차이가 나타날 수 있다는 문제는 남는다. 즉 그로부터 도출되는 해결책은 각 공동체의 소통 문화와 수준에 따라 달라질 수 있다.

11장

온라인 사이언스
커뮤니케이션

◎ 사이언스 커뮤니케이션 매개체로서 소셜 미디어

1990년대 인터넷 플랫폼이 등장하면서 전 사회적 차원의 민주화가 이루어졌다고 떠들썩했던 기억이 아직도 생생하다. 전통적인 매스미디어에서 이루어지던 게이트 키핑 과정을 거치지 않고, 아무런 비용도 들이지 않고 수용자들이 커뮤니케이션 주체로서 소통할 수 있게 된 것이다. 따라서 사회적 커뮤니케이션 역사에서 볼 때, 디지털 미디어를 통한 인터넷, 소셜 미디어를 매개로 한 커뮤니케이션 현상은 인쇄술 발명에 이은 제2의 혁명이라고 할 수 있는 획기적인 변화이다. 매스미디어에 의한 일방적 소통 패러다임의 종말과 함께 모든 사람이 커뮤니케이터로서 무제한적인 정보 교류가 가능해졌다.

민주주의의 이상인 모든 시민이 토론에 직접 참여할 수 있는 디지털 민주주의가 실현될 여건도 조성되었다.

이런 배경에서 다양한 디지털 사이언스 커뮤니케이션 포맷이 이용되고 있다. 검색 엔진, 위키피디아 같은 소통 포맷이 등장하고, 희귀한 학술 정보를 제공하는 블로그가 인기를 끄는가 하면, 특정 주제에 대한 담론이 형성되기도 한다. 일반 대중은 광범위한 학술 정보에 직접 접근할 수 있고, 함께 토론하거나 의견을 제시할 수도 있다. 새로운 미디어 기술을 무료로 이용하는 소통 환경에 우리는 익숙해져 있다. 하지만 동시에 이러한 무료 서비스이자 무한한 가능성을 지닌 서비스에 반대급부를 지불할 수 있음을 인식해야 한다. 특히 무료 서비스를 받을 경우 이에 대한 대가로 세련되고 거대한 광고 산업에 종속된다는 점을 기억할 필요가 있다(Mueller, 2017).

디지털 미디어가 등장하면서 사회적 커뮤니케이션 지형은 큰 변화를 보였다. 그럼에도 디지털 미디어가 아날로그 미디어를 밀어내고 대체하는 것은 아니다. 아날로그의 대면적 커뮤니케이션은 이전과 마찬가지로 여전히 인간 커뮤니케이션의 기본적 양식으로 자리를 차지하고 있다. 예컨대 온라인 국회가 이전의 오프라인 국회를 대체하는 것은 아니다. 또 국민 투표가 전자 투표로 대체되는 것도 아니다. 미래에도 디지털과 아날로그는 적절하게 조화를 이루며 공존할 것으로 예상된다.

하지만 사이언스 커뮤니케이션 차원에서 디지털 미디어가 수행하는 역할은 매우 크다. 특히 인터넷 온라인 커뮤니케이션 양식은 상호 작용적이고 대화적인 방식으로 학계와 공중 간의 소통을 매개한다는 큰 의미를 지닌다. 아날로그 시대에는 불가능했던 연구자와 공중 간의 직접적, 쌍방적 커뮤니케이션이 가능해진 것이다. 이를테면 유튜브에서 학술 연구 내용을 영상으로 전달하거나, 페이스북을 이용해 연구 과정에 관한 소식을 공중에게 전달할 수 있다. 다양한 디지털 플랫폼을 통해 전문가들이 직접 전하는 전문 지식에 대한 공중의 반응은 뜨겁다. 일반 시민 역시 특별한 기술적 재능이 없더라도 토론에 참여하거나 자신의 지식과 경험을 제시할 수 있다. 이런 의미에서 소셜 미디어는 사회적 관계를 형성하고 관리하는 참여적 웹 participatory web으로서 기능한다.

하지만 학술 연구자의 입장에서 볼 때, 소셜 미디어를 통해 공중과 직접 소통하는 것은 자칫 딜레마에 빠질 가능성도 있다. 즉 한편으로는 연구 내용을 쉽고 간단하게 전달함으로써 이해를 높여야 하며, 다른 한편으로는 학문 연구의 엄밀성을 준수하며 그것을 논리적이고 체계적으로 전달해야 한다. 그러나 이 두 가지를 동시에 충족하기는 매우 어렵다. 더구나 공중은 단일 집단이 아니라 다양한 성향을 내포하고 있는 다원적 집단이다. 특정한 목표 집단을 대상으로 질적 수준이 높은 정보를 전달하거나 이해시키는 방식은 사용하기 어렵다. 더구나 SNS를 통한 소통에서는 정보의 질적 수준을 유지하는 것이 매우 중요하다. 독일에서는 대학과 학술단체 협의회 차원에서 '바람직한 사이언스-PR 가이드라인'을 만들고 이를 준수토록 하고 있기도 하다.

◎ 온라인 사이언스 커뮤니케이션 분석

온라인 커뮤니케이션의 지향점

온라인 미디어를 통한 홍보는 다양하게 전개될 수 있지만, 이는 표 11-1에서 제시한 것처럼 크게 네 가지 모델로 정리할 수 있다. 먼저 광고 모델은 특정 수용자를 대상으로 선전 선동을 통한 상호 연대 또는 연결을 시도하고자 한다. 일방적이고 압축적인 언사를 통해 강력한 메시지를 전달하는 양상을 보이며, 주로 정치 정당이나 대중 집회 또는 상품 판촉 행사 등에서 이용된다. 다음 정보 전달 모델은 일반 대중을 대상으로 정보를 전달 또는 확산함으로써 수용자를 계몽하려는 홍보 활동이라고 할 수 있다. 따라서 일방향적이며, 광범위한 정보를 제공하는 논증 방식을 사용한다. 공공 기관이나 기업 등이 자신의 정보를 수용자에게 전달할 때 주로 사용한다. 세 번째인 설득 모델은 논증적 방식을 통해 특정 대상을 교육하려는 목적을 지닌다. 이를 위해 비대칭적이고 쌍방향적인 커뮤니케이션 방식을 취하지만, 수용자의 반응을 주시하게 된다. 일반적으로 기업이나 교회 또는 공동체의 이익을 추구하는 협회에서 이용하는 홍보 방식이다. 마지막 대화 모델은 상호 의견을 교환하고자 대화를 통한 합의를 지향하는 소통 방식이다. 양방향적이고 대칭적인 방식을 통해 상호 조정을 지향하며, 기업체나 홍보 대행사의 홍보 활동이 여기에 속한다고 할 수 있다.

이상에서 서술한 홍보 유형 중 대학 및 연구 기관의 온라인 홍보 활동은 광고 모델을 제외한 세 가지 유형의 범위에서 이루어진다. 정보 전달 모델은 연구 기관에서 대중에게 정보를 전달하는 전통적인 방식에 해당한다. 설득 모델은 계몽적 홍보 활동보다 진일보한 방식으로, 연구 기관의 가장 보편적인 홍보 양식이라고 할 수 있다. 대화 모델은 가장 이상적인 소통 모델이라고 할 수 있으나, 학문과 과학 기술의 전문성이라는 특수성을 고려할 때 이를 실현하기란 현실적으로 쉽지 않다.

표 11-1. 온라인 홍보의 네 가지 유형 (Dernbach & Schreiber, 2012: 364)

	광고 모델	정보 전달 모델	설득 모델	대화 모델
특성	선전 선동	정보의 전달 및 확산	논증적 주장	의견 교류
목적	연결/연대	계몽	교육	합의
논쟁의 유형	일방적 소통, 강력한 압축적 메시지	일방적 소통, 광범위한 정보 제공	비대칭적 양방향 소통, 피드백 주목	대칭적 양방향 소통, 조정
적용 사례	정당, 집회, 판촉 행사	공공 기관, 기업	기업, 협회, 교회	기업, 홍보 대행사

학술 연구 기관의 온라인 소통

디지털 미디어 환경에서 학술 연구 기관은 인터넷, 소셜 미디어 등을 이용한 온라인 커뮤니케이션 활동을 매우 활발하게 전개하고 있다. 이는 무엇보다 디지털 미디어가 제공하는 새로운 디지털 공론장을 활용한 공중과의 직접적 소통 가능성에서 비롯했다. 연구 기관들은 자체 홍보 활동으로부터 크게 두 가지 긍정적 효과를 기대할 수 있다(Dernbach & Schreiber, 2012). 첫째, 공중과의 직접적 소통이다. 이전에는 주로 매스미디어를 통해 공중 등 외부 집단과의 간접적 소통만 가능했다. 미디어는 수용자의 관심을 끌 수 있는 뉴스 가치에 따라 연구 결과를 선별하고, 이를 최대한 간단하게 재구성하여 정보를 전달한다. 따라서 연구 기관이 원하는 연구 성과 및 정보를 수용자에게 최대한 잘 전달하기가 어려웠다. 반면에 온라인 미디어 소통은 연구 기관이 원하는 내용을 공중에게 직접 전달하고 피드백을 받을 수 있어, 상호 소통 관계를 맺는 것이 가능해졌다. 둘째, 연구 과정의 투명성 제고이다. 온라인 커뮤니케이션을 통해 연구 주제부터 결과까지 전 과정 내역을 상세히 공중에게 공개할 수 있다. 이를 통해 연구에 대한 외부 검증이 가능해져, 궁극적으로 투명성을 제고할 수 있게 된 것이다.

하지만 학술 연구에 대한 온라인 소통은 일방적인 홍보성 정보를 전달하거나 검증되지 않은 사실을 유포시키는 등 부정적으로 이용될 수도 있다. 따라서 온라인 커뮤니케이션 양식은 다음과 같은 몇 가지 기준에 따른 평가나 검증이 필요하다(Dernbach & Schreiber, 2012).

① 시사성: 해당 학술 연구의 이슈가 되는 최신 정보를 내포하고 있어야 한다.
② 객관성: 여러 가지 관점과 해석 중 하나에 포커스를 맞추지 않고 다양성을 갖추며, 연구 결과의 신뢰성 및 객관성을 유지해야 한다.

③ 독창성: 다른 연구에서 제시되지 않았던 새로운 연구 결과에 해당해야 한다.

④ 중요성: 연구 성과가 사회 발전과 학문 연구 분야에 기여하거나, 공적 논의의 가치가 있어야 한다.

⑤ 투명성: 연구 관련 자료를 공개하고 그에 대한 반론이 가능해야 하며, 논리적 연관성을 제시해야 한다.

⑥ 이해 가능성: 연구 내용과 언어적 표현을 대중적 수용자가 이해할 수 있어야 한다.

⑦ 완결성: 연구 관련 자료 및 서류 등 모든 정보가 제시되어야 한다.

⑧ 신뢰성: 참고 문헌 등 연구 자료가 신뢰할 수 있는 정보원에 기초해야 한다.

◎ 새로운 공론장으로서 소셜 미디어

소셜 미디어가 지닌 문제점에도 불구하고 우리 삶은 소셜 미디어 세계 속에 깊숙이 들어와 있다. 예를 들어 보자. 정기적으로 개최되는 학술 세미나 발표를 한 참석자가 스마트폰으로 생중계한다. 발표자의 발표문과 이에 대한 참석 학자들의 토론을 중계하고, 발표문과 토론의 핵심을 정리해서 전달한다. 추가로 발표 주제에 관한 유용한 링크도 연결해 준다. 이런 모습은 소셜 미디어를 이용한 사이언스 커뮤니케이션의 흔한 장면일 수 있다.

세미나를 동영상으로 생중계하는 사람은 새로운 정보 창조자이자 학술 다큐멘터리 제작자인 셈이다. 세미나에 참석지 못한 동료 연구자나 학자는 이를 통해 세미나 내용을 공유받을 수 있다. 중요한 것은 소셜 미디어를 통한 생중계가 학술 세미나를 모든 사람이 참여할 수 있는 '열린 공론장'으로 변화시킨다는 점이다. 이제 학술 세미나는 현장에 참여한 소수 전문가뿐 아니라 온라인을 통해 수많은 사람이 함께 공유할 수 있는 오픈 학술 세미나로 변화했다. 기존의 전통적인 학술회의는 발표자와 토론자는 물론 참석자 모두 특정 학문 분야의 전문가로 구성된 '닫힌 공론장'이었다. 일반 시민은 물론 다른 전공 분야 전문가조차 비전문가로 배제되는 폐쇄된 커뮤니케이션 구조가 지배하였다. 하지만 디지털 환경에서 이런 소통 질서는 더 이상 유지될 수 없다. 학자와 연구자, 연구 기관, 학술 담당 기자는 원하지 않더라도 일반 대중이 함께 참여하는 열린 공론장으로서의 학술 행사를 준비해야 한다.

새로운 소통 통로로서의 소셜 미디어

소셜 미디어의 가치는 무엇보다 새로운 미디어 커뮤니케이션의 통로로서 기능하는 것과 관련한다. 하지만 소셜 미디어는 기존 매스 미디어와 경쟁하기보다는 주로 그것을 보완하는 역할을 한다. 일부 연구자는 기존 전통적 미디어를 무시하고 소셜 미디어를 통해 발표하고 소통하기도 한다. 이로 인해 매스미디어를 기반으로 하는 사이언스 저널리즘 기능이 위기를 맞이할 것인가는 아직 불확실하다. 하지만 특정 학술 주제는 소셜 미디어를 통해 지속적인 공론장이 형성되고 있다.

일반적으로 소셜 미디어가 지닌 가장 큰 특징은 소비자가 곧 생산자 역할을 할 수 있다는 점이다. 이용자는 이른바 프로슈머prosumer로서 자신의 견해를 표현하고 전달할 수 있다. 이용자가 곧 커뮤니케이터가 되는 것이다. 소셜 미디어의 또 다른 특징은 전통적인 저널리즘과 비교할 때 수용자와 더 직접적으로 소통할 수 있다는 점이다. 이용자는 페이스북 같은 플랫폼을 만들어 자신만의 미디어 공간을 구성할 수도 있다. 생산자이자 수용자로서 전통적인 정보의 전달은 물론 사회적 기능까지 수행할 수 있다. 소셜 미디어의 사회적 역할에 있어 핵심은 대화를 주도하거나 갈등을 조정하는 기능이다.

소셜 미디어의 중요성

소셜 미디어는 이용자가 즐겨 사용하는 대표적인 매체이다. 그중 가장 많이 애용되고 주목받는 소셜 미디어로는 비디오 포털인 유튜브YouTube, 사적 소통 네트워크로서 페이스북Facebook, 모두가 참여하여 만들어 가는 지식 백과 위키피디아Wikipedia 등이 있다. 사이언스 커뮤니케이션을 위한 소셜 미디어로는 유튜브, 트위터, 페이스북이 중요한 역할을 한다. 그러나 이용자의 다수는 정보를 받는 수동적 수용자이며, 정보를 생산하는 적극적 이용자는 소수에 그치고 있다.

웹 2.0은 인터넷에 기반하여 참여적이고 집단적인 상호 작용이 일어나는 소통 포맷을 뜻한다. 특히 인터넷을 통해 정보를 공유하고 코멘트하는 등 소셜 미디어는 학술적 교류의 중요한 열린 장이다. 연구자 사이의 소통은 물론 연구자와 공중 사이의 소통에 있어서도 그렇다. 예컨대 위키피디아처럼 집단적 글쓰기 플랫폼으로 이용되거나, 온라인 회의장으로 활용되거나, 각종 공지가 트위터, 블로그 등을 통해 전달될 수도 있다. 이들 디지털 미디어는 연구 공동체 구성원끼리는 물론, 시공간 제약이 없는 공중에의 접근 및 상호 작용을 통해서 새로운 사이언스 커뮤니케이션의 가능성을 열었다.

표 11-2. 소셜 미디어 장단점 비교

	장점	단점
블로그	장기적, 검색엔진으로 접근 가능, 온라인토론에 적합한 플랫폼	플랫폼으로 확산됨
트위터	가장 빠른 전달 채널, 소요시간 짧음, 신속한 연결성	짧은 생성 기간, 검색기로 접근 불가
페이스북	소셜 미디어의 소통 공간, 주제나 사람별로 그룹 형성 가능	사적 영역, 레이아웃이나 기능 변화가 잦음

대표적으로 블로그는 텍스트, 그림, 영상 자료를 탑재한 디지털 일기장으로 이용할 수 있다. 또한 연구자나 언론인, 기업인 등이 글을 쓰고 코멘트하고, 이를 상호 연결할 수 있어 마케팅이나 개성적인 플랫폼으로 꾸밀 수 있다. 학자나 연구자는 이를 통해 동료와의 상호 네트워크를 형성할 수 있고, 과학 저널리스트는 자료를 수집하는 수단으로 활용할 수 있으며, 일반 대중은 전문 정보를 쉽게 얻는 매체로 이용할 수 있다. 매스미디어와 달리 블로그는 장기적인 연구 과정 전체를 보여 줄 수 있으며, 연구 주제에 대한 코멘트를 통해 연구자

들과 직접적인 커뮤니케이션도 가능하게 해준다.

한편 트위터는 짧은 글이나 간단한 정보를 빠르게 원하는 사람들에게 전달할 수 있다. 시간순으로 소식을 전하는 것도 가능하다. 예를 들어 회의에 참여하지 못한 사람들에게 주요 내용을 전해서 의견을 제시하도록 할 수 있다.

웹 2.0 기반의 뉴 미디어는 다양한 커뮤니케이션의 가능성을 제공한다. 첫째, 일 대 일, 일 대 다수, 다수 대 다수 등 소통 참여자 수의 다양성이다. 둘째, 커뮤니케이션하는 구조를 탈 집중적 형태나 다계층적 구조 등 다양하게 만들 수 있다. 셋째, 접근 및 소통의 성격을 다양하게 정할 수 있다. 즉 공적으로 열린 소통이나 사적으로 제한된 사람 사이의 소통을 목적으로 할 수 있다. 넷째, 커뮤니케이터 역할을 전달자와 수용자 사이에서 유연하게 전환할 수 있다. 다섯째, 전달하는 정보를 텍스트, 영상, 사진 등 다양하게 꾸밀 수 있다.

소셜 네트워크의 학술 연구 역량은 전문성과 질적 수준이 좌우한다. 특히 파워 이용자는 자신의 전문 분야 정보를 검증하는 기능을 통해 매스미디어의 게이트 키핑 역할을 수행한다. 이와 같은 전문가들의 비공식적 토론 및 정보의 확산을 통해, 소셜 미디어는 수많은 독자 또는 이용자를 거느리며 전통적인 전문 잡지를 대체해 가고 있다(Lessmoellmann, 2012).

소셜 미디어의 기회와 한계

소셜 미디어는 모든 사람의 직업적 활동과 관련된다. 다시 말해서 소셜 미디어는 미디어의 민주화 현상을 대변한다. 연구자, 언론인, 홍보 전문가 등, 모두가 소셜 미디어라는 새로운 공적 소통의 장에서 함께 만난다. 소셜 미디어가 가져온 새로운 기회는 무엇이고 문제점은 무엇인가(Lessmoellmann, 2012).

먼저 소셜 미디어로 인한 새로운 기회는 무엇일까? 첫째, 그것은 지식 생산 방법과 과정, 결과에 관해 공적 토론이 이루어져 학문의 투명성을 제고하는 데 기여한다. 둘째, 그것은 평범한 시민들이 학문 세계에 접근하고 참여할 수 있게 한다. 직접 학문 공론장에 참여할 수도 있고, '크라우드 소싱crowdsourcing'을 통해 연구 프로젝트에 기여할 수도 있다. 셋째, 소셜 미디어는 개인 또는 단체의 풀뿌리 활동을 활성화하는 계기를 마련해 준다. 즉 소셜 미디어는 연구자 또는 연구 기관의 커뮤니케이션 수단으로 기능한다. 특히 대학이나 연구소 등의 기관은 자체의 연구 활동을 알리는 홍보 수단으로 소셜 미디어를 활용한다. 연구소의 연구원 역시 연구 활동 외에 추가로 연구에 관한 정보를 알리는 홍보 활동을 해야 하는 것이 현실이 되었다.

반면 소셜 미디어가 몰고 올 문제점은 무엇인가? 첫째, 분명 기술적 차원에서 그것은 잠재적 공론장을 형성할 새로운 채널로서 기대되지만, 현실은 다르다. 즉 이용자들은 공적 사안보다는 사적 사안을 주로 표출하고 소통한다(Lessmoellmann, 2012). 따라서 소셜 미디어의 공론장 역할은 제한적이다. 둘째, 연구 성과 보도와 관련하여 갈등이 생길 수 있다. 즉 연구 성과를 누가 언제 발표할 권한을 갖고 있는가, 공적으로 발표할 수 있는 내용은 무엇인가 등을 둘러싸고 연구자, 연구 기관, 저널리스트 사이에 갈등이 생길 수 있다. 셋째, 전문가와 수용자의 관계 변화에 따른 위험성이 커졌다. 전통적 소통 질서에서 전문가는 커뮤니케이터로, 일반 대중은 수신자로 구분되었다. 그러나 소셜 미디어를 통해 기존 수신자 스스로가 학술 연구 성과를 발표할 수 있게 되었고, 이로 인해 전문 지식이 검증을 거치지 않고 공론화될 가능성이 높아지게 되었다.

전문가 집단 내에서 소셜 미디어 역할

소셜 미디어는 여러 문제를 갖고 있지만, 학술 연구에 기여하는 바가 큰 것은 분명하다(Lessmoellmann, 2012). 첫째, 그것은 연구자들 사이의 공개적인 토론 또는 동료 평가peer review를 가능하게 하여, 궁극적으로 연구 결과의 질적 수준을 높일 수 있다. 전통적인 연구 과정에서는 전문 학술지를 통한 동료 평가 절차를 거치는 것이 전부였지만, 소셜 미디어로 인해 외부적 검증이 추가된 것이다. 아울러 소셜 미디어를 통해 연구 과정에서 획득한 자료를 공개하여 후속 연구에 도움을 줄 수도 있다.

둘째, 소셜 미디어는 전문가 집단의 토론 과정에서 추가적인 공론장 역할을 한다. 즉 관심 있는 전문가는 물론 일반 시민도 연구 과정 전체를 알 수 있도록 해주며, 따라서 전문가들로 이루어지는 제도적 연구 절차를 넘어 연구 방법과 결과, 연구의 이론적 관점에 대한 추가적인 공적 토론장으로 기능하게 된다.

셋째, 연구자들은 자신의 소셜 미디어 플랫폼을 통해 연구 주제의 사회적 중요성에 대한 정보를 교류할 수 있다. 동시에 자신의 주장이 사회적으로 주목받고 영향력을 발휘하도록 추가 정보를 전달하는 한편, 공중과의 대화를 주도할 수 있다.

넷째, 소셜 미디어는 공중과 함께하는 학술회의 모임을 주도할 수 있다. 즉 대중을 초대하고 이들에게 기조 연설과 같은 유익한 정보를 제공하는 한편, 교류 네트워크를 형성할 수 있다.

다섯째, 소셜 미디어를 통해 미학적 포맷으로 꾸며 공중과 소통할 수 있다. 이를테면 저명한 과학자 칼 세이건과 리처드 파인만Richard Feynman 등이 주도한 유튜브 비디오 플랫폼 '사이언스 심포니symphony of science'는 과학적 지식을 음악적 양식으로 전달하면서 큰 인기를 끌기도 했다.

이상과 같이 소셜 미디어 활동은 연구자 또는 연구 기관의 학문적 정체성을 강화하는 데 기여한다. 기관은 연구 결과의 투명성을 높여 신뢰성을 제고할 수 있고, 연구자는 자신의 전문 분야에서 능력을 인정받을 수 있다. 언론과 소통할 수 있는 통로도 얻게 된다. 언론인은 이를 통해 연구 성과에 대한 비판적 코멘트를 제시할 수도 있다.

결론적으로 학문 연구 분야에서의 소셜 미디어는 교류의 장이자 연결의 장이다. 새로운 학설이나 데이터를 조사하는, 혹은 발표하는 장이기도 하다. 이러한 협업적 이용 양식은 연구 성과에 대한 공적 토론 과정을 통해 전문가 그룹 차원에서 비공개적으로 이루어지던 학술 연구 과정을 크게 변화시켰다.

◎ 학술 연구 소셜 미디어 수단

소셜 미디어가 학술 연구 성과를 전달하고 확산시키는 데 큰 역할을 하는 것은 아니다. 하지만 소셜 미디어는 학술 연구 과정, 특히 학술 정보를 검색하거나 교류하는 기능 측면에서 매우 중요하다. 학술 정보에 이용되는 소셜 미디어 서비스는 학술 전문 정보를 제공하는 서비스와 일반적 정보를 제공하는 서비스로 구분할 수 있다. 그리고 이들은 기능상 크게 세 가지 영역으로 나누어진다(Hotho, 2017). 표 11-3의 첫 번째 행은 학술 정보를 찾거나 저장하는 데 유용한 서비스들이다. 널리 알려진 Google Scholar구글 학술 검색, Wikipedia위키피디아 등이 이에 해당한다. 두 번째 행은 학술 연구 관련 소셜 네트워크로 기능하는 서비스들이다. 이들은 학술 연구 카운터파트와 소통하고 관계 맺는 데 도움을 준다. 세 번째 행은 학술 정보 웹 공동체 기능을 하는 서비스들이다. 문서를 작성하거나 질문에 대한 해답을 얻는 데도 도움을 받을 수 있다. 이러한 다양한 소셜 미디어 서비스는 연구자들의 학술 연구에 크게 기여하고 있다.

한편, 일반적으로 널리 애용되는 소셜 미디어들도 학술 관련 정보를 교류하고 확산시키는 데 중요한 역할을 한다. 유튜브, 페이스북, 트위터 등이 그러하다. 학술 연구 수단으로 이용되는 이들 소셜 미디어의 역할에 대해 비교해 보기로 한다.

표 11-3. 학술 정보를 위한 소셜 미디어 서비스 (Hotho, 2017: 277)

	학술 전문 정보	일반적 정보
정보의 검색과 저장	- Google Scholar - Scholarpedia - Reviewsystem	- Google - Wikipedia - Foren
학술 소셜 네트워크	- ResearchGate - Academia - BibSonomy - Cite Ulike - Mendeley	- Facebook - Twitter - LinkedIn - Google+ - LibraryThing
학술 정보 웹 공동체 (문서 작성, 질의 응답)	- Sharelatex - arXiv - Reddit - Math Stack Exchange	- GoogleDoc - DropBox - WerWeissWas - Stack Exchange

유튜브 YouTube

2005년 설립되어 2006년 구글이 인수한 유튜브는 전 세계에서 가장 성공한 비디오 플랫폼이다. 유튜브의 가장 큰 성공 요인은 그것이 제공하는 영상을 이용자가 직접 만들고 편집하여 업로드한다는 점이다. 또한 플랫폼 접근성이 용이하고 다양한 내용의 서비스를 제공하며, 매우 광범위한 전파력을 갖고 있다는 점도 중요하다. 이러한 성공을 배경으로 최근 유튜브는 더 전문화되는 경향을 보인다. 특히 상업적 광고 모델을 지향하는가 하면, 거대 기업과 언론사의 영향력이 커지고 있다. 아울러 전문화된 콘텐츠의 활성화도 두드러진다. 이런 차원에서 사이언스 관련 채널 역시 증가하면서 2017년 기준 약 150만 개에 달하였고, 제공 비디오 수도 무려 3,400만 개에 육박하였다(Geipel, 2017). 이는 사이언스 커뮤니케이션 플랫폼으로서 유튜브의 중요성을 대변하는 증거이다.

학계에서의 대표적인 유튜브 이용 사례는 논문 등 연구 출판물의 요약 정보를 비디오로 소개하는 '비디오 초록Video Abstract'이다. 저널 전문 출판사 The Cell Press나 《New Journal of Physics》 등이 자체 채널을 통해 이런 서비스를 제공하고 있다. 발표된 논문에 대한 관심을 제고하고자 하는 것이다. 하지만 학계 내부 차원의 커뮤니케이션에 있어서 유튜브의 역할은 아직 미미하다. 특히 학자나 연구자의 유튜브 사용률은 매우 낮은 수준에 그친다.

이와 달리 유튜브는 학계 외부 차원에서 이루어지는 사이언스 커뮤니케이션에 있어 중요한 역할을 한다. 즉 유튜브는 학술 연구의 주요 정보원으로 애용된다. 대학은 유튜브를 비롯한 비디오 플랫폼을 이용하여 잠재적인 학생 수요자 집단 대상의 홍보를 진행하기도 한다. 독일 정부는 비디오를 이용한 사이언스 커뮤니케이션의 활성화를 기대하면서, 웹 비디오 경연 대회인 'Fast Forward Science'를 개최하여 추천할 만한 모범 콘텐츠를 선발하고 있다.

그 외에도 비전문가들이 사이언스를 주제로 한 유튜브 콘텐츠를 제작하고 서비스하는 사례는 많다. 이들 유튜브를 비롯한 비디오 플랫폼의 문제점은 학술적 내용을 지나치게 흥미 위주로 전달한다는 점이다. 특히 전달 내용보다 진행자가 더 주목을 끌며 중심적 위치를 점하는 경우도 많다(Geipel, 2017). 관심을 끄는 학술 정보들을 이용하여 자기 홍보 효과를 노리는 것이다.

페이스북Facebook

전 세계에서 페이스북을 적극적으로 이용하는 사람은 2016년 말 기준 약 19억 명에 달한다. 국제 학술 저널《네이처Nature》가 95개국 3,500명을 조사한 결과에 따르면, 연구자의 약 41%가 정기적으로 페이스북을 이용하는 것으로 밝혀졌다(Focke, 2017). 페이스북은 다양한 소셜 앱을 연결하는 플랫폼이자 통합 매체로서 중요한 의미를 지닌다.

그러나 연구자들은 주로 사적 용도로 페이스북을 사용할 뿐, 공적인 학술적 목적으로 이용하는 경우는 많지 않다. 즉 페이스북은 트위터 등 다른 소셜 미디어에 비해 전문적 커뮤니케이션 수단으로서의 기능이 약한 편이다. 학술적 내용에 관해 소통하는 것은 주로 친한 관계나 비공개 그룹 차원에 한정되며, 시사적인 연구 주제의 연구 결과나 진행 중인 연구에 관한 토론은 잘 일어나지 않는다. 페이스북을 학계 내부 차원의 사이언스 커뮤니케이션 수단으로 애용하지 않는 것은 무엇보다 그것이 처음부터 사적 용도로 활용되었으며, 유사 기능을 지닌 학술 전문 플랫폼이 다수 존재하기 때문이다. 이에 속하는 대표적인 플랫폼은 'ResearchGate리서치게이트', 'Academia아카데미아', 'Mendeley멘델리' 등이 있다. 다수 연구자가 페이스북을 선호하지 않는 이유로는 네트워크 이용 조건 및 데이터 사용 정책이 전문적 내용을 다루는 플랫폼과 조화를 이루지 못한다는 점도 들 수 있다(Focke, 2017).

그럼에도 막대한 영향력을 지닌 페이스북은 사이언스 홍보 및 사이언스 저널리즘에서 보편적인 커뮤니케이션 수단으로 자리매김하고 있다. 많은 사람이 시사 뉴스를 소셜 네트워크로부터 접하기에, 페이스북은 기존의 전문 잡지나 매스미디어 내용을 접속, 확산하는 역할을 한다. 예를 들면 페이스북을 통해 독일 사이언스 전문 잡지인 《Spiegel Wissen슈피겔 비쎈》, 《Zeit Wissen차이트 비쎈》에 접속할 수 있다. 페이스북이나 다른 소셜 미디어를 통해 학술적 내용이 전파되는 것은 보편적인 현상이다. 다만 지나치게 통속적인 내용 위주로 대중에게 전달될 수 있다는 문제는 있다.

학술 전문가들은 페이스북이 대중과의 사이언스 커뮤니케이션 플랫폼으로서 기능하는 것을 회의적으로 바라본다. 참여자가 객관적이지 않거나 사실이 아닌 내용을 전달할 수 있고, 전체 참여자 수 역시 명확하지 않다는 점 등을 이유로 든다. 그럼에도 다수의 연구 기관이 대중과의 소통 수단으로 페이스북을 애용 중이다. 페이스북은 트위터보다 광범위한 이용자층을 점하고 있으며, 특히 젊은 연령대에서 인기가 높기 때문이다. 따라서 페이스북은 향후 외부 집단과의 사이언스 커뮤니케이션 수단으로서 연구자나 연구 기관에 유용할 수 있고, 관련한 기타 잠재적 가능성도 크다고 평가된다(Focke, 2017).

트위터Twitter

트위터는 뉴스를 최대 140자로 제한해서 전달할 수 있는 소셜 미디어다. 또한 받은 뉴스는 다른 사람에게 전달할 수 있고, 사용자끼리 서로 소통할 수도 있다. 영어권에서는 사이언스 커뮤니케이션 전문 트위터 'today's reality'가 있을 정도로 연구자들 사이에서 빈번하게 사용된다. 따라서 트위터는 'Google Scholar', 'ResearchGate'와 함께 학계에서 중요한 플랫폼으로 인정받고 있다. 연구자들은 토론과 새로운 자료 검색, 상호 교류 등 상호 협력과 공동 연구를 위한 플랫폼으로서 트위터를 유용하게 사용한다. 전공 분야에 따라 사용 정도는 각기 다른데, 특히 정치 분야에서 트위터 이용이 적극적으로 이루어진다.

학계 내부 차원에서 트위터는 학술회의 자료나 포스터, 연구 관련 정보를 공유하는 수단이 된다. 일상적인 연구 활동에서 트위터는 동료 연구자들과 자료를 공유하거나 새로운 자료를 검색하는 중요한 수단이다. 신진 연구자들은 해시태그를 통해 서로 교류하기도 한다.

한편 학계나 사회와의 커뮤니케이션 플랫폼으로서 트위터의 중요성도 점점 커지고 있다. 실상 정치나 미디어 등 다양한 이해관계자가 상호 소통할 수 있는 학술 전문 플랫폼이 없기 때문이다. 트위터는 특히 저널리즘 영역에서 중요한 기능을 수행한다. 다양한 정보가 트위터를 통해 전파되고, 저널리스트는 트위터를 정보원으로 애용한다. 트럼프 전 미국 대통령이 재임 기간 트위터를 이용하여 중요 정보를 알린 것도 이런 맥락에서 이해할 수 있다. 전문가들이 상호 토론하는 기능 외에, 트위터는 미디어와 사적 네트워크를 형성하는 매개체이기도 하다. 학계 외부에서 이해관계자들이 트위터를 통해 상호 소통하는 것은 학술 연구에도 긍정적인 영향을 미친다.

트위터에서는 늘 학문 연구와 관련한 중요 주제에 대하여 토론이 일어난다. 여기서 중요한 것은 대화 자체보다도 다양한 정보 및 의견의 확산이라고 할 수 있다. 트위터의 제한된 글자 수와 짧은 소통은 장시간에 걸친 깊은 대화를 어렵게 한다. 일반적으로 트위터를 통한 학술 토론에서는 전통적인 매스미디어가 주요 정보원으로 역할을 한다. 학계 내부 차원에서 볼 때 트위터는 시사적 학술 토론이나 주제를 다루는 유용한 플랫폼이 될 수 있다. 특히 사회 차원의 커뮤니케이션 과정에서 트위터는 연구자들에게 플랫폼 기능을 한다. 학계 내부 구성원들은 ResearchGate와 같은 학술 전문 플랫폼을 더 선호하기 때문이다.

한편 트위터는 일반 대중과의 직접 커뮤니케이션에 효과적이며, 저널리스트와 직접 소통할 수 있는 매개체이기도 하다. 따라서 그것은 궁극적으로 이용자가 미디어 공론장에 접근할 수 있게 해준다. 또한 트위터는 일반 시사 사건에서 그러하듯 사이언스 관련 주제를 구분하고 한데 묶는 선별 시스템 기능도 할 수 있다.

◎ 온라인 사이언스 커뮤니케이션의 장publicity

인터넷을 통한 사이언스 커뮤니케이션의 장은 크게 네 가지 유형으로 구분된다. 즉 매스미디어를 통한 소통 공간, 전문가 집단의 소통 공간, 협업적 소통 공간, 개인적 소통 공간이다. 이 중 앞의 두 개는 인터넷 등장 이전부터 존재했지만, 나머지 두 개는 디지털 미디어, 특히 소셜 미디어가 등장한 이후 생겨났다. 이들에 대해 좀 더 구체적으로 살펴보면 다음과 같다.

매스미디어 소통 공간

매스미디어 소통 공간의 특성은 시사성, 보편성, 정기성, 공개성 및 편집의 독립성으로 집약할 수 있다. 이러한 사회적 기능은 그것이 장기적 차원에서 사회적으로 중요한 주제를 다루고, 이를 불특정 다수에게 전달하는 제도화된 사회적 기관이라는 점과 관련한다. 매스미디어 소통 공간은 다른 소통 공간에 비해 송신자와 수신자를 엄격하게 분리한다. 달리 말하면 저널리즘 역할과 공중의 역할이 구분되어 있어서, 커뮤니케이터로 진입하는 데 장벽이 매우 높다. 또한 사이언스 정보는 저널리즘 뉴스 가치를 기준으로 한 선별 원칙에 부합해야만 소통될 수 있다.

디지털 미디어 등장 이후 저널리스트에게 소셜 미디어는 중요한 수단으로 작용한다. 특히 기자는 취재 보도의 주제를 선정하거나 정보원을 확인하기 위한 수단으로 소셜 미디어를 활용한다. 학자나 연구자의 블로그, 트위터 계정은 자료를 평가하는 데 유용하다. 이를테면 취재원으로부터 입수한 학술 연구 내용의 질적 수준이나 신뢰도를 평가할 수 있다. 동료 연구자의 검증을 거친 것인지, 같은 기관에 속한 연구자가 검증한 것은 아닌지 등도 확인할 수 있다.

매스미디어 소통 공간은 사이언스 커뮤니케이션의 성장에 일정

부분 기여한다. 사이언스 저널리스트들은 정보를 전달하는 부수적 매체로 소셜 미디어를 이용하기 때문이다. 사이언스 저널리스트들은 세 가지 역할을 한다. 사이언스 정보를 매개하는 전통적 역할, 의제를 제시하는 역할, 그리고 감시견watchdog 역할이다. 그 외에 주로 소셜 미디어가 제공하는 흥미 있는 정보나 주제를 수용자에게 안내하는 큐레이터curator 역할도 한다(Schmidt, 2017).

전문가 공론장

특화된 정보를 제공하는 전문 학술지는 전형적인 전문가 집단의 소통 공간이다. 여기에 커뮤니케이터로 참여하기 위해서는 매우 높은 요건을 충족해야 한다. 즉 새로운 지식을 생산하고 타당성을 확인할 수 있는 역량을 갖추기 위해 정규 학교 교육을 이수하고 전문화된 사회화 과정을 거쳐야 한다. 학술지는 전문 지식에 관한 정보를 평가하는 일정한 규칙과 연구 성과를 검증하는 객관적 기준을 제시해야 하고, 학술적 성과에 대해 동일 분야에 속하는 전문가의 동료 평가가 이루어지도록 장치를 마련해야 한다.

인터넷은 이러한 전통적인 공론장 외에 다양한 전문가 공론장이 형성되고 정보가 유통될 수 있는 계기를 제공한다. 구체적으로 첫째, 연구 성과 공개 전에 프리프린트pre-print를 제공하거나 오픈 액세스open access 저널을 통해 정보를 제공할 수 있다. 둘째, 전통적인 학술지에서 운영하는 소셜 미디어를 통해 새로운 정보를 제공할 수 있다. 셋째, 학술적 출판물을 소셜 미디어 양식에 적합하게 변형해서 제공할 수 있다. 하지만 이러한 전통적 출판 저널 기능의 확장이 곧 선별이나 검증 과정의 공개적 형식으로의 전환을 의미하진 않는다. 저자나 심사자 모두 심사 과정이 공개적으로 진행되는 것을 꺼리기 때문이다.

하지만 사이언스 정보에 대한 논의가 소셜 미디어를 통해 확장된 것은 사실이다. 이른바 출판 이후 실시되는 사후 동료 평가post-publishing peer review가 그 예다. 전문가들은 발표된 논문에 관하여 토론함으로써 질적 제고를 이룰 수 있고, 출간된 연구 성과에 대한 반응은 그와 관련한 소셜 미디어상의 영향력을 측정하는 지수인 '알트메트릭스Altmetrics'를 통해 평가할 수 있다. 이는 기존의 논문 인용 지수Citation Index를 보완 대체하는 것으로, 영국 기업에서는 페이스북, 트위터, 구글 플러스, 블로그 등의 소셜 미디어에서 평가된 알트메트릭 점수Altmetric Score를 산정하기도 한다.

협업적 공론장

인터넷 기술을 통해 가능해진 협업적 공론장에서는 관심 있는 누구나 무료로 정보를 제공하고 이용할 수 있다. 진입 장벽이 매우 낮은 온라인 백과사전 '위키피디아'가 그 대표적 사례다. 위키피디아는 기존의 백과사전을 변형시킨 형태인데, 몇몇 소수 전문가가 아니라 집단적 공동 저자가 참여한다는 차이점이 두드러지며, 프로그램에 대한 지식이나 등록 등 일체의 전제 조건 없이 참여할 수 있다는 점도 주목할 만하다. 이는 곧 달리 말하면 인터넷 이용자가 참여하는 지식 생산 시스템이라 할 수 있다. 다만 실제 위키피디아에 접속하는 대다수는 수동적 이용자에 그치며, 저자로서 정보 구성에 적극적으로 참여하는 사람은 소수에 불과하다.

학술적 글쓰기나 논쟁 방식을 따르지 않지만, 위키피디아는 백과사전으로서 전문 지식을 내포하고 있다. 즉 그것은 지식 및 학술 커뮤니케이션의 온라인 플랫폼으로서 이용자에게 학술적 연구 및 필요성에 대한 오리엔테이션을 제공한다. 따라서 연구자와 연구 기관이 애용하는 정보원으로서의 역할뿐 아니라, 학생들의 토론 주제로 활용되는 교육적 효과도 높다. 위키피디아가 지향하는 좋은 글은 무엇보다 이해하기 쉽고 정확하며, 검증할 수 있는 글이다. 그 외에 위키피디아 글쓰기에는 몇 가지 지침이 정해져 있다.

첫째, 각 주제 항목의 작성 기준은 중립적 관점을 지켜야 한다. 논란이 되는 내용이 있다면 토론을 통해 검증함으로써 질적 수준을 높인다.

둘째, 독자 연구original research의 내용은 게재를 금지한다. 독자 연구는 이전에 공개 발표되지 않은 사실, 주장, 개념, 진술 또는 이론을 의미한다. 공개 발표된 자료에 대한 새로운 분석이나 발표된 자료를 토대로 그것을 확대 재생산한 내용도 이에 포함된다. 위키피디아가 제시하는 독자적 연구의 구체적인 사례는 다음과 같다(ko.wikipedia. org/wiki/). ① 새로운 문제 해결 방법 또는 이론을 소개한다. ② 새로운 용어를 정의한다. ③ 기존 용어를 새롭게 정의하거나 새로운 의미를 가정하여 부여한다. ④ 믿을 수 있는 출처가 없는 주장을 소개

하고, 이를 다른 아이디어, 이론, 주장, 입장을 반박하거나 지지하는
데 사용한다. ⑤ 믿을 수 있는 사실, 아이디어, 이론, 주장을 편집자가
원하는 방향으로 분석하거나 종합한 자료를 소개하고, 이에 대한 믿
을 수 있는 출처를 밝히지 않는다. ⑥ 새로운 단어를 소개하거나 사
용하고, 이에 대한 믿을 수 있는 출처를 밝히지 않는다. ⑦ 고유한 아
이디어를 소개한다.

셋째, 게재 내용은 확인 가능한 신뢰할 만한 출처를 제시해야 한
다. 이는 제시한 내용의 신뢰도를 높이는 한편, 독자 연구가 아니라
는 점도 명확히 하는 것이다. 요컨대 위키피디아의 기본 가이드라인
은 그것의 기능을 새로운 이론의 형성이 아니라 기존 이론의 제시와
공유로 제한하고 있다.

사적 공론장

기술적 장벽이 낮은 사적 공론장에서는 시간적, 공간적 차이를 넘
어 정보를 접할 수 있다. 위의 위키피디아가 협업적 정보 수집 기능
을 한다면, 사적 공론장은 개인적으로 중요한 내용을 중심으로 선별
하고 소통하는 역할을 한다. 따라서 그것은 불특정 다수가 아니라 소
셜 네트워크를 통해 친밀한 관계를 형성한 사람들 사이에서의 교류
에 해당한다. 소통 내용은 대부분 주관적이고 진정성 있는 정보를 기
준으로 구성되며, 텍스트 자체보다는 이를 전하는 사람의 경험이나
의견을 전달한다. 이를 통해 상호 사적 유대 관계를 강화하거나 소
셜 네트워크에서의 위상을 확인하는 대화가 주를 이루게 된다. 학자

또는 연구자들은 사적 정보의 교류 외에 연구 활동, 전문가 의견이나 학술적 성과의 제시, 학술적 토론에의 초대 등을 위해 SNS를 이용하기도 한다. 사적 공론장은 소규모의 전문가 집단이 종종 전문 주제에 관해 심층적으로 토론하는 공간이 되기도 한다.

12장

사이언스 커뮤니케이션의
미래

최근 사이언스 커뮤니케이션에 대한 이론적 기반이 구축되면서 실천적 활동이 빠르게 확산되고 있다. 무엇보다 전통적인 사이언스 저널리즘의 역할이 줄어들고, 이를 연구 기관의 홍보 활동이나 마케팅 커뮤니케이션이 대체하는 현상이 두드러지고 있다. 직접적 커뮤니케이션으로서 연구 기관의 홍보 활동은 특히 연구 성과와 우수한 연구자를 널리 알리는 기능으로 활발하게 이루어지고 있다.

이와 같은 사이언스 커뮤니케이션의 특징적 현상이 보여 주는 의미는 다음과 같이 풀이할 수 있다. 첫째, 커뮤니케이션과 마케팅 활동의 경계가 사라지고 있다. 전통적인 소통 방식이 커뮤니케이션으로 대변된다면, 최근 대두된 소통 방식은 마케팅 또는 홍보라고 할 수 있다. 사이언스 커뮤니케이션의 최근 현상은 이 두 가지가 혼합되어 다양하게 전개되는 양상을 보인다. 둘째, 연구 기관 및 연구자의 홍보 활동은 학문 연구를 매개하는 기능보다는 자기 광고의 경향을 나타낸다. 사이언스 저널리즘은 학문 연구 및 연구 성과를 공중에게 매개하는 대표적인 양식이다. 하지만 연구 기관이나 연구자의 홍보 활동은 연구 정보를 매개하는 대신 자신을 홍보하고 광고하는 역할을 한다. 셋째, 공중에게 직접적이고 일방적으로 정보를 전달하는 기능을 수행하는 데 치중되어 있다. 사이언스 홍보는 저널리즘과 달리 소통 대상자인 공중과 직접적으로 커뮤니케이션한다. 즉 연구 기관과 연구자가 커뮤니케이터로서 일방적으로 자신의 정보를 상대방에게 전달한다는 특성이 있다.

◎ 대화 모델의 실현

이러한 사이언스 저널리즘을 대신하여 사이언스 PR이 확산되는 이유는 무엇일까? 무엇보다 과거와 달리 현대 학문은 더 이상 가치 중립적 진리를 생산하는 특권을 지닌 영역이 아니다. 이제 학계는 사회의 다양한 목소리 중 하나일 뿐이다(Weitze & Heckl, 2016). 하지만 나노 기술, 생명과학, 생화학 등 첨단 과학 분야에서는 학술 전문가들이 이를 독점적으로 지배하는 현상이 지속되고 있다. 일반 시민들은 정보를 접하고 이해하더라도 실제 현실 참여에는 미미할 수밖에 없다. 공중은 과학과 인문학의 대중 이해(PUSH), 또는 과학의 대중 이해(PUS) 패러다임 등을 통해 언어적, 지식적 차원의 정보를 얻을 수 있다. 하지만 더 중요한 것은 실천적 측면에서 중요한 해결책을 수행하는 것이다. 이를테면 건강 및 환경 문제와 관련하여 일상생활을 어떻게 영위해야 하는지, 정책적 결정을 어떻게 해야 하는지 등 구체적 문제에 대한 해결책을 원한다. 그러나 공중 스스로 이를 실천적으로 해결하기는 어렵다. 따라서 전문가나 전문 기관이 다양한 커뮤니케이션 양식을 통해 대중과 직접적으로 소통할 것이 요구된다.

한편 현재 학술 연구 차원의 사이언스 커뮤니케이션이 안고 있는 문제점으로 세 가지를 들 수 있다(Weitze & Heckl, 2016). 첫째, 지식 생산과 이용 간의 격차 문제다. 즉 지식 생산자와 이용자인 시민 사이의 격차가 점점 더 커지고 있다. 이는 다원화된 지식 정보 사회에서 고도로 분업화된 사회 구조와 관련된다. 지식 정보를 생산하는 주체는 전문가 집단이 독점 주도하고, 공중은 단지 객체에 머무른다. 따라서 이들 사이에 대등한 소통 관계가 성립하기 어렵고, 커뮤니케이터와 수용자 역할이 고정되어 있다. 둘째, 많은 사람이 새로운 과학 기술이 가져다줄 긍정적인 기회는 보지 않고, 단지 위험성만으로 판단하는 경향이 강하다. 이런 견해는 주로 전문가 집단에서 제기하곤 한다. 공중의 과학 기술에 대한 비판적인 생각은 과학에 대한 이해가 부족한 데서 기인하는 것일 수 있다. 하지만 이는 신뢰했던 과학 기술로부터 그동안 발생한 치명적인 대형 사고를 경험하면서 나타난 견해이기도 하다. 이런 분위기를 바꾸려면 학술 전문가와 공중 사이의 진솔한 대화와 신뢰가 무엇보다 중요하다. 셋째, 진정한 대화, 충분한 대화는 아직 미완성 상태다. 많은 사람이 과학 기술의 발전에 관심을 갖지만, 실제 토론이나 행사에 참여하는 경우는 극히 드물다. 이런 점에서 앞으로 공중의 참여라는 대화 모델의 목표를 구체적으로 어떻게 실현할 것인가가 중요한 과제이다.

◎ 사이언스 커뮤니케이션의 미래

사이언스 커뮤니케이션의 미래 목표는 다양한 커뮤니케이션 실천 활동을 통해 궁극적으로 상호 이해를 제고하는 것이다. 연구자와 공중 사이의 대화적 커뮤니케이션 양식의 중요성을 강조하는 것은 그러한 이유에서다. 구체적으로 모든 연구자는 자신의 연구 활동의 목표, 연구 문제 및 방법 나아가 연구 결과에 관해 비전문가인 공중이 이해할 수 있게 전달해야 한다. 그러기 위해서는 두 가지가 요구된다. 첫째는 다양한 채널 및 방법을 통해서 연구 결과나 지식이 공중에게 전달될 수 있도록 노력해야 한다. 둘째는 다양한 공중 계층의 눈높이에 알맞은 표현 방식을 통해 이해를 높일 수 있도록 소통 노하우를 개발해야 한다.

아울러 공중과 함께 공동으로 추구하는 목표를 구현할 필요가 있다. 구체적으로 새로운 과학 기술의 개발 및 이용 과정에서, 공중의 이해와 가치를 반영해야 한다. 나아가 미래 과학과 기술의 잠재적 가능성 측면에서도 모든 사회적 집단의 이해를 수렴해야 한다. 따라서 미래의 사이언스 커뮤니케이션은 전 학문 간 긴밀한 소통을 필요로 한다. 최근 학문 사이의 이러한 소통에 대해 '통섭'이란 개념이 제시되며 논의가 전개되기도 하였다. 중요한 것은 다양한 전문가가 함께 횡적으로, 수평적으로 소통하는 것이다. 그동안 학계 전문가들의 소통 현상은 이와는 반대로 종적으로, 또 수직적인 방식으로 이루어져 왔다고 할 수 있으며, 그로 인해 서로 다른 학문 영역 간의 간극은 점점 깊어져 왔다. 진정한 사이언스 커뮤니케이션이 실현되려면 공동체 전 구성원 사이의 전방위적, 전일적 소통을 구현해야 한다.

◎ 네거티브 지식의 소통

과학의 시대라는 표현이 일상이 된 지 오래다. 과학 기술 연구는 넘쳐 나고, 그 성과들은 눈부신 사회 발전으로 이어지고 있다. 사이언스 커뮤니케이션이 대두되어 성장을 거듭한 것도 이를 배경으로 한다. 그럼에도 과학의 어두운 그림자처럼 아직 미지의 연구 영역들이 존재한다. 이를 '언던 사이언스undone science'라고 하는데, 아직 행해지지 않은 과학, 또는 비지식non-knowledge, 非知識을 뜻한다. 독일어로는 '니히트비쎈Nichtwissen'이라고 부르는데, 아직 알려지지 않은 지식이라는 미지未知, 혹은 비지식非知識이라는 의미다(Nordmann, 2012). 따라서 이는 앎 또는 지식을 갖추지 못한 상태인 무식無識과는 다르다. 중요한 문제로 간주되지만 연구 대상이 되지 못하는 비지식 영역이 언던 사이언스나 니히트비쎈이라고 할 수 있다. 마티아스 그로스Matthias Gross는 이처럼 지식 생산이 체계적으로 차단되고 잊힌 지식 분야를 네거티브 지식negative knowledge이라고 규정했다(현재완, 2016).

그럼 이들은 왜 연구되지 않은 과학 영역으로 남아 있는 것일까? 무엇보다 연구자들이 체계적으로 무시하거나, 중요하게 받아들여지지 않았기 때문이라고 할 수 있다. 대표적인 사례로 독성 화학 물질의 유해 여부에 관한 연구를 들 수 있다. 레이첼 카슨은《침묵의 봄》에서 DDT를 비롯한 독성 화학 물질이 인체와 조류 및 환경에 미치는 심각한 문제를 폭로하여 전 세계적으로 주목받았다. 카슨과 달리 당시 대다수 화학자는 화학 물질의 산업적 잠재성에 따른 효과 연구에 집중했다. 그 이유는 이들이 화학 회사로부터 거액의 연구비를 받는 것과 밀접하게 관련되어 있었다. 지식 생산자의 특권을 사회나 공익을 위한 연구보다는 연구자의 개인 업적이나 성공을 위해 이용한 것이다. 만약 이 화학자들이 화학 회사의 이익과 배치되는 연구를 수행한다면 이를 위한 재정 지원을 받기가 어려웠을 것이다. 이처럼 네거티브 지식의 영역은 윤리적, 경제적, 또는 정치적 이유 등 다양한 배경에서 생겨난다.

체계적으로 배제된 과학 연구를 활성화하는 것은 미래 사이언스 커뮤니케이션의 과제라고 할 수 있다. 네거티브 지식은 일단 과학자, 연구자 입장에서 여러 가지 이유로 꺼리게 될 수 있다. 단순히 사소하게 간주되기 때문일 수도 있고, 위험한 주제로 인식되기 때문일 수도 있다. 막대한 연구비가 필요한데 후원자가 없어 연구가 불가능한 분야일 수도 있다. 문제는 수용자 또는 사회적 차원에서는 네거티브 지식이 반대로 공익에 기여하는 '포지티브 지식'이 될 가능성이 크다는 점이다. 과학의 최종 목적이 인간의 행복과 인류 사회, 나아가 건강한 지구 공동체에 기여하는 것이란 점을 생각한다면, 네거티브 지식은 소중한 과학적 지식에 포함된다. 따라서 네거티브 지식의 탐구는 사이언스 커뮤니케이션이 추구하는 궁극적 목표와도 부합하는 것이다.

◎ '사이언스 커뮤니케이션학'의 중요성

학문의 초창기 역사를 보면 철학이 전체 학문을 대변하는 중심적 역할을 했음을 알 수 있다. 피타고라스Pythagoras, 아리스토텔레스 Aristotle, 괴테Goethe 등 과거 유명한 학자들은 어느 한 분야의 전문가인 동시에 철학자였다. 오늘날과 같이 어느 한 분야의 지식만을 소유한 전문가 그 이상이었다. 달리 말하면 전인적全人的 지식인이었다. 이러한 전통이 와해되기 시작한 것은 자연 과학이 본격적으로 발전하고 세분되면서부터이다. 그 결과 오늘날 모든 학문은 분과 학문으로 자리 잡고 고착화되었다. 각 학문 영역 사이에는 칸막이와 장벽이 드리워져 상호 소통이 불가능한 상황이다. 이로 인해 현실 사회의 복합적 문제를 해결하는 데 어려움이 많다. 전문가들이 함께 모여 지식과 지혜를 발휘하는 데 한계가 있기 때문이다. 각자 자신의 전문 분야를 넘어선 문제에는 무지하고 무관심한 존재가 되곤 한다. 그 결과 우리는 지구 생태계 파괴 등 현대 문명 사회의 위기를 스스로 초래하게 되었다.

이런 상황에서 '사이언스 커뮤니케이션학science of sciencecommuni

cation'의 등장은 필연적인 요청이라고 할 수 있다. 무엇보다 과학 기술이라는 특정 응용 과학이 전 학문 영역을 통섭하는가 하면, 현대 사회 전반을 지배하는 현상으로 등장하였기 때문이다. 여기서 파생된 다양한 문제를 해결하는 것은 인류의 지속 가능성을 좌우한다. 소통 또는 커뮤니케이션이 핵심 키워드로 부상한 것도 이와 관련되어 있다. 모두가 알고 있지만, 모두가 그 중요성을 간과함으로써 야기된 현대 과학 문명의 위기, 이를 해결할 방법은 과학 그 자체에 의한 것이 아니다. 오히려 각 분과 학문의 질주를 막고 전체 학문이 함께 대화하고 소통하는 것이다. 더 나아가 상아탑 학문을 벗어나 사회와 진지하게 대화하는 것이 현대 문명의 위기를 극복하는 바른길이다.

이러한 메시지를 전하고 실천하는 것이 사이언스 커뮤니케이션학의 과제다. 과학을 넘어 철학, 예술, 종교가 하나가 되고, 자연 과학을 넘어 인문 과학, 사회 과학과 하나가 되는 통합 학문이 요구되며, 인간의 앎과 삶이 서로 이어지는 지식을 넘어선 지혜가 절실하게 요구되는 시대이다.

과거 지혜를 사랑하는 학문이 철학이었듯이, 미래에는 서로를 소통케 하는 커뮤니케이션학이 인류의 가장 중요한 지혜로 상징될 것이다. 특히 사이언스 커뮤니케이션을 대상으로 하는 연구 분야는 과학 기술의 진보, 학문의 진보, 나아가 현대 문명의 진보를 하나로 통합하는 새로운 학문이라고 할 수 있다.

만물의 세계에서 사물들은 서로 소통이 막힌 불통 상태에서 때가 되면 다시 연결되고 교류한다. 사이언스 커뮤니케이션 현상은 마치 이러한 만물의 법칙이 작동함을 보여 주는 것 같다. 그동안 다양한 분야에서 학문과 과학은 마치 지하의 좁고 깊은 수직적 땅파기를 통해 지하수를 발견했었다. 그렇게 드러난 지하수들은 세상 사람들에게 유일한 생명수처럼 인식되곤 하였다. 그러나 그 지하수는 독립적으로 존재하는 것이 아니라 수맥을 따라 이웃 지하 샘물과 서로 연결되고 통한다. 수많은 분과 학문으로 분리된 학문의 세계도 마찬가지로 서로 연결되어 있다. 과학적 부분 진리를 넘어 전일적 차원에서 통합적 진리를 발견하고 확장할 수 있게 하는 것이 바로 사이언스 커뮤니케이션의 역할이다.

참고 문헌

Acatech. 2014. *Zur Gestaltung der Kommunikation zwischen Wissenschaft, Oeffentlichkeit und den Medien. Empfehlungen vor dem Hintergrund aktueller Entwicklungen.*

Allgaier, J. 2017. "*Wissenschaft und Populaerkultur*", in: H. Bonfadelli, B. Faehnrich, C. Luethje, J. Milde, M. Rhomberg & M. Schaefer (eds.). *Forschungsfeld Wissenschaftskommunikation.* Springer VS.

Berg, H. 2018. *Wissenschaftsjournalismus zwischen Elfenbeinturm und Boulevard. Eine Langzeitanalyse der Wissenschaftberichterstattung deutscher Zeitungen.* Springer VS.

Bonfadelli, H., Faehnrich, B., Luethje, C., Milde, J., Rhomberg, M. & Schaefer, M. (eds.). 2017. *Forschungsfeld Wissenschaftskommunikation.* Springer VS.

Bonfadelli, H. 2017. "*Handlungstheoretische Perspektiven auf die Wissenschafts kommunikation*", in: H. Bonfadelli, B. Faehnrich, C. Luethje, J. Milde, M. Rhomberg & M. Schaefer (eds.). *Forschungsfeld Wissenschaftskommunikation.* Springer VS.

Beck, K. 2013. *Kommunikationswissenschaft., UTB.* 김진웅 역(2013). 《커뮤니케이션학의 이해》. 차송.

Beck, U. 1997. *Risikogesellschaft. Auf dem Weg in eine andere Moderne,* *Suhrkamp.* 홍성태 역(2006).《위험사회. 새로운 근대성을 향하여》. 새 물결.

Bucchi, M. & Trench, B. 2008. *Handbuch of Public Communication of Science and Technology.* Routledge.

Carrada, G. 2006. *Communicating Science. A Scientist's Survaval Kit. European Commission.* Beussel.

DernBach, B., Kleinert, C. & Muender, H. 2012. *Handbuch Wissenschafts kommunikation.* Springer VS.

Dernbach, B. & Schreiber, P. 2012. *"Evaluation der Online-Kommunikation",* in: B. DernBach, C. Kleinert & H. Muender, *Handbuch Wissenschafts kommunikation.* Springer VS.

Dogruel, L. & Beck, K. 2017. *"Social Media als Alternative der Wissenschaftkom munikation? eine medienoekononische Analyse",* in: P. Weingart, H. Wormer, A. Wenninger & R. Huettel, *Perspektiven der Wissenschafts kommunikation im digitalen Zeitalter.* Velbrueck Wissenschaft.

Eisenbarth, B. & Weisskopf, M. 2012. *"Science Slam: Wettbewerb fuer junge Wissenschaftler",* in: B. DernBach, C. Kleinert & H. Muender, *Handbuch Wissenschaftskommunikation.* Springer VS.

Faehnrich, B. 2017. *"Wissenschaftsevents zwischen Popularisierung Engagement und Partizipation",* in: H. Bonfadelli, B. Faehnrich, C. Luethje, J. Milde, M. Rhomberg & M. Schaefer (eds.). *Forschungsfeld Wissenschafts kommunikation.* Springer VS.

Focke, J. 2017. *"Wissenschaft auf Facebook",* in: P. Weingart, H. Wormer, A. Wenninger & R. Huettel, *Perspektiven der Wissenschaftskommunikation im digitalen Zeitalter.* Velbrueck Wissenschaft.

Geipel, A. 2017. *"Die audiovisuelle Vermittung von Wissenschaft auf YouTube"*, in: P. Weingart, H. Wormer, A. Wenninger & R. Huettel, *Perspektiven der Wissenschaftskommunikation im digitalen Zeitalter*. Velbrueck Wissenschaft.

Hotho, A. 2017. *"Social Media und Kuenstliche Intelligenz in der Wissenschafts kommunikation. Ein visionaerer Ausblick"*, in: P. Weingart, H. Wormer, A. Wenninger & R. Huettel, *Perspektiven der Wissenschaftskommunikation im digitalen Zeitalter*. Velbrueck Wissenschaft.

Koenneker, C. 2017. *"Wissenschaftskommunikation in vernetzten Oeffentlichkeiten"*, in: H. Bonfadelli, B. Faehnrich, C. Luethje, J. Milde, M. Rhomberg & M. Schaefer (eds.). *Forschungsfeld Wissenschaftskommunikation*. Springer VS.

Lessmoellmann, A. 2012. *"Social Media: die neue Oeffentlichkeit"*, in: B. DernBach, C. Kleinert & H. Muender, *Handbuch Wissenschafts kommunikation*. Springer VS.

Metag, J. 2017. *"Rezeption und Wirkung oeffentlicher Wissenschaft kommunikation"*, in: H. Bonfadelli, B. Faehnrich, C. Luethje, J. Milde, M. Rhomberg & M. Schaefer (eds.). *Forschungsfeld Wissenschafts kommunikation*. Springer VS.

Mueller, S. 2017. *"Wissenschaftskommunikation und soziale Medien. Herausforderungen fuer die Forschungspolitik"*, in: P. Weingart, H. Wormer, A. Wenninger & R. Huettel, *Perspektiven der Wissenschafts kommunikation im digitalen Zeitalter*. Velbrueck Wissenschaft.

Nordmann, A. 2012. *"Defizite im Ueberschuss. Zur Notwendigkeit verstaerkter Nichtswissenskommunikation"*, in: B. DernBach, C. Kleinert & H. Muender, *Handbuch Wissenschaftskommunikation*. Springer VS.

Pfenning, U. 2012. *"Zur Evaluation von Modellprojekten zur Wissenschafts kommunikation"*, in: B. DernBach, C. Kleinert & H. Muender, *Handbuch Wissenschaftskommunikation*. Springer VS.

Raupp, J. 2017. *"Strategische Wissenschaftskommunikation", in:* H. Bonfadelli, B. Faehnrich, C. Luethje, J. Milde, M. Rhomberg & M. Schaefer (eds.). *Forschungsfeld Wissenschaftskommunikation*. Springer VS.

Roettger, U. 2017. *"Wissenschafts- und forschungsbezogene Kommunikation"*, in: H. Bonfadelli, B. Faehnrich, C. Luethje, J. Milde, M. Rhomberg & M. Schaefer (eds.). *Forschungsfeld Wissenschaftskommunikation*. Springer VS.

Ruhrmann, G. & Guenther, L. 2017. *"Katastrophen- und Risikokommuni kation"*, in: H. Bonfadelli, B. Faehnrich, C. Luethje, J. Milde, M. Rhomberg & M. Schaefer (eds.). *Forschungsfeld Wissenschafts kommunikation*. Springer VS.

Schnurr, J. & Maeder, A. 2020. *Wissenschaft und Gesellschaft: Ein vertrauensvoller Dialog. Positionen und Perspektiven der Wissenschaftskommunikation heute*. Springer.

Schmidt, J. 2017. *"Soziale Medien als Intermediaere in der Wissenschafts kommunikation", in:* P. Weingart, H. Wormer, A. Wenninger & R. Huettel, *Perspektiven der Wissenschaftskommunikation im digitalen Zeitalter*. Velbrueck Wissenschaft.

Renn, O. 2017. *"Wissenschaftsjournalismus"*, in: H. Bonfadelli, B. Faehnrich, C. Luethje, J. Milde, M. Rhomberg & M. Schaefer (eds.). *Forschungsfeld Wissenschaftskommunikation*. Springer VS.

Silva, P. & Vance, C. 2017. *Scientific Scholarly Communication. The Changing Landscape*. Springer.

Stocklmayer, S.M., Gore, M.M. & Bryant, C. (2001). *Science Communication in Theory and Practice*, Kluwer Academic Publishers, London/Boston/Dordrecht.

Von Aretin, F. 2012. *"Die andere Seite des Schreibtisches. Zum Verhaeltnis von Wissenschaftskommunikatoren zu Wissenschaftsjournalisten"*, in: B. DernBach, C. Kleinert & H. Muender, *Handbuch Wissenschafts kommunikation*. Springer VS.

Vowe, G. 2016. *"Wissenschaftskommunikation 2.0? Fachzeitschriften in der Online-Welt."* Publizistik, 51-72.

Wefer, G. 2012. *"Vom Dialog ueber Forschungsergebnisse zum Dialog ueber Erkenntnispeozesse"*, in: B. DernBach, C. Kleinert, & H. Muender, *Handbuch Wissenschaftskommunikation*. Springer VS.

Weingart, P., Wormer, Wenninger, A. & Huettel, R. 2017. *Perspektiven der Wissenschaftskommunikation im digitalen Zeitalter*. Velbrueck Wissenschaft.

Weitze, M-D. & Heckl, W. 2016. *Wissenschaftskommunikation. Schluesselideen, Akteure, Fallbeispiele*, Springer Spektrum.

Winter, E. 2012. *"Von der Kommunikation ueber Wissenschaft zur wissenschaftliche Bildung"*, in: B. DernBach, C. Kleinert & H. Muender, *Handbuch Wissenschaftskommunikation*. Springer VS.

과학기술정책연구원. 2017. 〈오픈사이언스 정책의 도입 및 추진방안〉. 《정책연구》, 2017-08.

국가교육과학기술자문회의. 2010. 〈국가 과학기술 위험커뮤니케이션 구축방안 연구〉.

김명진. 2008. 《야누스의 과학. 20세기 과학기술의 사회사》. 사계절.

김선택. 2002. 〈과학연구의 자유와 한계〉. 유네스코한국위원회 편.《과학연구
　　윤리》.

김영욱, 박성철. 2005.《과학보도와 과학저널리즘》. 한국언론재단.

김용환 외. 2021.《탄소중립. 지구와 화해하는 기술》. 씨아이알.

김학수. 2007. 〈공공과학과 과학커뮤니케이션 연구〉.《한국언론학보》, 43권 4호.

김학수 외. 2011.《과학과 커뮤니케이션》. 서강대학교 출판부.

대한민국정부. 2020. 〈지속가능한 녹색사회 실현을 위한 대한민국 2050 탄소
　　중립 추진전략〉.

르윈스타인, 브루스. 2003.《과학과 대중이 만날 때》. 김동광 역. 궁리.

캐럴 리브스. 2010.《과학의 언어. 어떻게 과학을 제대로 이해하고 비평하고
　　향유할 것인가》. 오철우 역. 궁리.

박성철. 2011. 〈과학뉴스의 딜레마와 새로운 과학뉴스〉. 김학수 외.《과학과
　　커뮤니케이션》. 서강대학교 출판부.

박희제. 2009. 〈미국산 쇠고기 파동과 대중의 위험인식의 합리성: 대중의 과학
　　이해(PUS) 관점〉.《현상과 인식》, 33(4).

신은정 외. 2017. 〈오픈사이언스정책의 도입 및 추진방안〉. 과학기술정책연구원.

심광현. 2009.《유비쿼터스시대의 지식생산과 문화정치》. 문화과학사.

앨런 어윈. 2011.《시민과학: 과학은 시민에게 복무하고 있는가?》. 김명진, 김
　　병수, 김병윤 역. 당대.

원용진. 2011. 〈위험사회와 커뮤니케이션〉. 김학수 외.《과학과 커뮤니케이
　　션》. 서강대학교 출판부.

원종욱. 2007. 〈과학커뮤니케이션 방법〉. KOSEN Expert Review. http://
　　www.kosen21.org/

유네스코한국위원회 편. 2002.《과학연구윤리》. 당대.

이덕환. 2011. 〈우리사회가 요구하는 과학커뮤니케이션〉. 김학수 외.《과학과
　　커뮤니케이션》. 서강대학교 출판부.

이상오. 2016.《지식의 탄생》. 한국문화사.

이영희. 2011.《과학기술과 민주주의: 시민을 위한, 시민에 의한 과학기술》. 문학과 지성사.

이영희. 2012. 〈전문성의 정치와 사회운동: 의미와 유형〉.《경제와 사회》, 제93호.

이영희. 2014. 〈과학기술 시티즌십의 두 유형과 전문성의 정치: 과학기술 대중화 정책과 '차일드세이브'의 활동을 중심으로〉.《동향과 전망》, 제92호.

임경순. 2012.《과학을 성찰하다: 현대과학의 새로운 지평》. 사이언스북스.

장광수. 2017.《과학기술윤리연구》. 한국학술정보.

조숙경. 2007. 〈과학커뮤니케이션: 과학문화의 실행〉.《과학기술학연구》, 7권 1호.

진달용. 2015.《과학저널리즘의 이해》. 한울아카데미.

피터 버크. 2017.《지식은 어떻게 탄생하고 진화하는가: 인류와 함께 발전해온 지식의 역사 이야기》. 이상원 역. 생각의 날개.

한국문헌정보학회. 2021.《문헌정보학의 이해》. 한국도서관협회.

한국환경연구원. 2021.《대한민국 탄소중립 2050》. 크레파스북.

한스 페터 페터스, 송해룡, 김원제. 2001.《위험커뮤니케이션》. 커뮤니케이션북스.

현재완. 2016. 〈과학논쟁. 저선량 방사선 논쟁으로 살펴보는 과학기술 논쟁의 경계 작업〉. 홍성욱 외.《21세기 교양 과학기술과 사회》. 나무+나무.

홍성욱 외. 2016.《21세기 교양 과학기술과 사회》. 나무+나무.

홍성욱, 현재완. 2016. 〈탈 정상과학〉. 홍성욱 외.《21세기 교양 과학기술과 사회》. 나무+나무.

김진웅金鎭雄 ──────────────────

현) 선문대학교 미디어커뮤니케이션학부 교수
한국외국어대학교 졸업, 독일 베를린대학교(FU) 철학박사
MBC 연구위원 역임, 한국언론학회, 방송학회, 한국커뮤니케이션학회, 언론정
보학회 회원
주요 관심 분야는 광의의 커뮤니케이션 현상 연구

주요 저서
《예술 커뮤니케이션》(2020),《메타커뮤니케이션》(2020),《기 철학과 커뮤니케
이션》(2016),《방송자유와 공영방송》(2011),《커뮤니케이션학의 이해》(2013)
(번역서)

주요 연구 논문
〈마틴 부버의 커뮤니케이션철학: '실체론'을 넘어 '관계론'으로〉(2016),〈최한
기의 기(氣): 소통 사상 연구〉(2013),〈야스퍼스의 현존재(Dasein) 커뮤니케
이션에 관한 연구〉(2012),〈생명 소통 사상: '온생명'사상을 중심으로〉(2007),
〈커뮤니케이션의 확장: 생태커뮤니케이션에 관한 소고〉(2006) 등

사이언스 커뮤니케이션

초판인쇄 2022년 11월 11일
초판발행 2022년 11월 11일

지은이 김진웅
펴낸이 채종준
펴낸곳 한국학술정보(주)
주 소 경기도 파주시 회동길 230(문발동)
전 화 031-908-3181(대표)
팩 스 031-908-3189
홈페이지 http://ebook.kstudy.com
E-mail 출판사업부 publish@kstudy.com
등 록 제일산-115호(2000. 6. 19)

ISBN 979-11-6801-878-5 93300